東京を旅する

異世界喫茶店めぐり

空想喫茶トラノコク

KADOKAWA

東京を旅する

異世界喫茶店めぐり

空想喫茶トラノコク

KADOKAWA

はじめに

皇琲亭（P106）

携帯電話がなかった時代、
待ち合わせといえば喫茶店でした。

かつては人々が高揚感を胸に、待ち合わせまでの時間を
喫茶店で優雅に過ごしていた頃。
それから月日は流れ、今では物がより豊かになり、
娯楽の選択肢も多岐にわたっています。

しかしそんな中でも、家とは違う変わらない居場所が
今もこうしてあり続けてくれるのは
少なからず僕たち私たちの心の救いになっているかもしれません。

誰かと話すため、ひとりで落ち着くため、
勉強や仕事の気分転換のため。
ふと立ち止まりたくなった時、振り返りたくなった時にも。
喫茶やカフェに訪れる人たちは、
きっと色々な理由を持ち寄っていることでしょう。

この一冊が東京という街を巡りながら、深く思いを巡らせる
みなさんの旅路に寄り添うものとなったら嬉しいです。

空想喫茶トラノコク

CONTENTS

2 はじめに

6 本書の見方／空想喫茶トラノコクとは？

CHAPTER 1 おとぎ話の世界へ

8 六ペンス

10 ゆりあぺむぺる

12 喫茶gion

14 COFFEE HALL くぐつ草

16 LUPOPO

18 シャララ舎分室 喫茶 余白

20 カフェ香咲

22 TEA HOUSE はっぱ

24 Cat Cafe てまりのおうち

25 Cat Cafe てまりのおしろ

26 レ・グラン・ザルブル

28 物豆奇

CHAPTER 2 ヨーロッパ旅情を味わう

32 馬車道十番館

34 カフェ エリスマン

35 旧古河邸 大谷美術館 喫茶室

36 トリコロール本店

37 珈琲専門館 伯爵

38 パペルブルグ

40 コーヒーの大学院 ルミエール・ド・パリ

42 teal chocolate & ice cream

44 コーヒーハウス るぽ

46 珈琲亭 ルアン

48 Majorelle Cafe

50 CAFE La Bohème PENTHOUSE

51 GARDEN SQUARE cafe Felice

52 COFFEE WORK SHOP Shanty

CHAPTER 3 隠れ家でじぶんの時間を

56 レキュム・デ・ジュール

58 喫茶室 日々の泡

60 アンセーニュダングル

62 ロジェカフェ

63 neel

64 Chabudai

65 cafe kaeru

66 カフェアルル

68 びあん香

69 Huit

70 ぐすたふ珈琲

72 TEA ROOM BURTON

73 旅する喫茶

74 Coffeebar & Shop coin

CHAPTER 4 喫茶×○○で特別な体験を

78 and people ginza
80 Orient Express（箱根ラリック美術館）
82 レタープレスレターズ
84 HAGISO
86 TAYORI
87 茶屋町カフェ
88 喫茶ニカイ
90 レボン快哉湯
92 Factory & Labo 神乃珈琲
94 珈琲松井商店
96 サルトリイバラ喫茶室
98 喫茶吉野

CHAPTER 5 レトロ＆ノスタルジーに浸る

100 喫茶ロマン
102 自由学園明日館
104 散ポタカフェのんびりや
106 皇琲亭
108 喫茶ジュリアン
109 喫茶古城
110 不純喫茶 ドープ
112 どんぐり舎
114 武蔵野珈琲店
115 茶亭羽當
116 カヤバ珈琲
118 さぼうる
120 ラドリオ
121 珈琲文明
122 Coffee Bricks

CHAPTER 6 本棚と音楽 文化に囲まれて

126 名曲喫茶ライオン
128 名曲喫茶ヴィオロン
130 名曲喫茶ミニヨン
132 カフェ・オトノヴァ
134 松庵文庫
136 ふげん社
138 本と珈琲 梟書茶房
139 胡桃堂喫茶店

140 地域別INDEX
142 おわりに

COLUMN 喫茶店が楽しくなるうんちく
30 クリームソーダ編
54 喫茶店とカフェ編
76 磁器と陶器編
124 撮影編

本書の見方

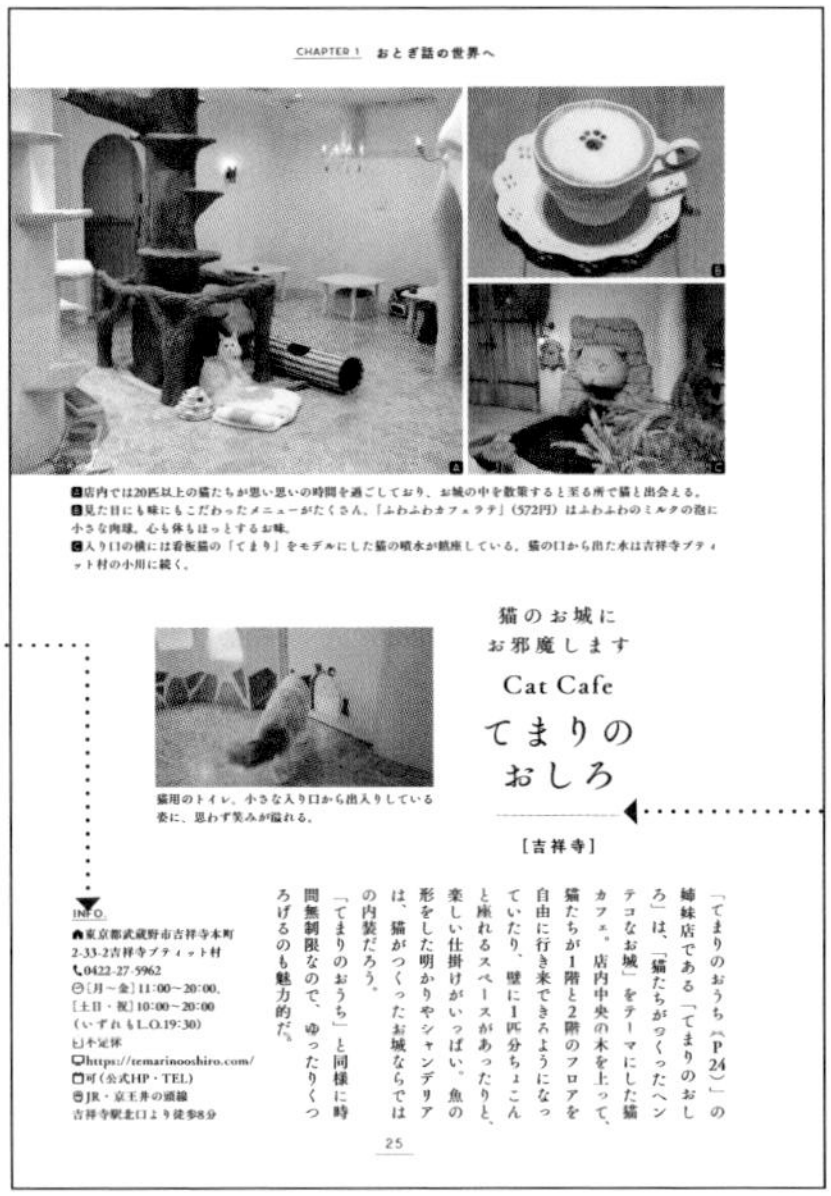
CHAPTER 1　おとぎ話の世界へ

A 店内では20匹以上の猫たちが思い思いの時間を過ごしており、お城の中を散策すると至る所で猫と出会える。
B 見た目にも味にもこだわったメニューがたくさん。「ふわふわカフェラテ」（572円）はふわふわのミルクの泡に小さな肉球。心も体もほっとするお味。
C 入り口の横には看板猫の「てまり」をモデルにした猫の噴水が鎮座している。猫の口から出た水は吉祥寺プティット村の小川に続く。

猫のお城に
お邪魔します
Cat Cafe
てまりの
おしろ

［吉祥寺］

猫用のトイレ。小さな入り口から出入りしている姿に、思わず笑みが溢れる。

「てまりのおうち（P24）」の姉妹店である「てまりのおしろ」は、「猫たちがつくったヘンテコなお城」をテーマにした猫カフェ。店内中央の木を上って、猫たちが1階と2階のフロアを自由に行き来できるようになっていたり、壁に1匹分ちょこんと座れるスペースがあったりと、楽しい仕掛けがいっぱい。魚の形をした明かりやシャンデリアは、猫がつくったお城ならではの内装だろう。「てまりのおうち」と同様に時間無制限なので、ゆったりくつろげるのも魅力的だ。

INFO.
東京都武蔵野市吉祥寺本町2-33-2吉祥寺プティット村
0422-27-5962
［月～金］11:00～20:00、［土日・祝］10:00～20:00（いずれもL.O.19:30）
不定休
https://temarinooshiro.com/
可（公式HP・TEL）
JR・京王井の頭線吉祥寺駅北口より徒歩8分

25

インフォメーション

- 所在地
- 電話番号
- 営業時間
- 休みの日
- HPやSNS
- 予約の可否
- アクセス

エリア

お店のだいたいのエリアを示しています。

!

・価格は税込み表記です。
・本書掲載の情報は2023年4月時点のものです。本書の発売後、予告なく変更される場合がありますのでご了承ください。
・感染症流行の影響で、短いスパンで営業時間を変えるお店もあります。事前によくチェックをしましょう。

空想喫茶トラノコクとは？

こんな居場所があったらいいなという会話から、4人の店員が生み出した架空の喫茶店。夢はいつか本当の喫茶店を持つこと。SNSですてきな喫茶店の紹介や、喫茶店レシピの発信をしている。

もうそう店長

4人の妄想から生まれたトラノコクの店長。

ユーピケ

ととのえることが趣味のおそらくサウナー。
誕生日：11月2日
好物：アイス

ツッチー

スイーツ男子ガチ勢。かわいいスイーツをつくる。
誕生日：6月25日
好物：プリン

Kon

休憩室にいる人。喫茶めぐりが趣味。
誕生日：3月3日
好物：コーヒー

7

料理再現とお絵描きが趣味の人。
誕生日：7月20日
好物：クリームソーダ

CHAPTER
1

おとぎ話の世界へ

まるでおとぎばなしの世界の中へ飛び込んだような、
心地よい非日常感を約束する。
美しいランプの灯やこだわり抜かれた調度品、
遊び心溢れた小物などはいくら見ても飽きることがない。
こどもの心に戻って、世界観を全身で楽しんで。

迷い込んだのは
童話の世界？

六ペンス

［西荻窪］

紅茶は、オーナーおすすめのティーマーケットGclefなどから仕入れた茶葉。かわいらしいポットも必見（ポットつきで780～850円）。

A緑の壁の部屋は、おひとり様用の静かなスペース。灯るたくさんのランプはオーナーが趣味で買い集めたもの。
B赤の壁の部屋は、おしゃべりを楽しむ複数人用スペース。

西荻窪駅から歩き、たどり着いたマンション2階の扉を開けると、突如おとぎ話の中に迷い込んだかのような異世界が広がる「六ペンス」。

　イギリス童話好きのオーナーが設えた英国風の室内は、家具から小物までこだわり抜かれたものばかり。入ってみて驚くのだが、壁の色が部屋によって赤と緑に分けられている。そこでそれぞれおしゃべりを楽しんだり、ひとりの世界に没頭したりできて、その人に合った寛ぎ方ができるのだ。席を立って、室内の遊び心溢れる小物やこだわりのインテリアを見てまわるのも楽しい。

　ご縁があった作家さんの作品やご近所でつくられているお菓子なども店内に置かれており、丁寧な交流から繋がるあたたかさに溢れている。

C「クリームソーダ」（680円）はメロン、パイン、イチゴの三種。光に透けるソーダ水が美しい。
Dおひとり様用机で、『モモ』『ナルニア国物語』など、子どもの頃読んだお話を手に取るのも一興。
Eお店を探しているとマンションの前に看板が。少しほっとするとともにわくわくもする。

INFO.

東京都武蔵野市吉祥寺東町2-45-14セードル201　なし
13:00～19:30（L.O.18:30）（日によって変更あるのでTwitterを参照）
不定休　https://6pencekichijoji.wixsite.com/homepage　可（メール：6pence.yoyaku@gmail.com）
JR 西荻窪駅北口より徒歩15分、JR・京王井の頭線 吉祥寺駅北口より徒歩20分

桃色のランプが照らす1階の窓辺。この席は競争率が高く、開店前から並ぶお客さんもいるのだそう。

ランプが照らす
不思議な懐かしさ

ゆりあ
ぺむぺる

［吉祥寺］

不思議な名前で呪文のように声に出したくなる「ゆりあぺむぺる」。作家である宮沢賢治の詩集「春と修羅」に登場する「ユリア」と「ペムペル」という名前から命名されている。2階建ての店内にはアールヌーボー様式の絵画や彫刻が施されたアンティークの調度品が並び、レトロでメルヘンチックな雰囲気がとても心地よい。向かいの「曼荼羅《まんだら》」というライブハウスのオーナーたちの「吉祥寺に自分たちが行きたいと思える場所を自分たちの手でつくろう」という想いから、昭和51年（1976）に創業された。

ライチ味の「みずいろの少女」、キャラメル味の「モンローキッス」など、個性的な名前のクリームソーダが人気。定番は柑橘系のシロップを用いた青色の「ラピスラズリ」だ。

11種類の中から選べる「クリームソーダ」(800～850円)。これだけ種類があるのにメロン味のクリームソーダは無いのが不思議。

A窓が大きく明るい2階席。窓辺に座ればシベリア鉄道の食堂車を思わせる雰囲気で、まるで旅をしているようだ。
B『銀河鉄道の夜』の自筆原稿のコピーが飾られている。
C多くの人が行き交う通り沿い。扉を開けて入ると時が止まったかのようなノスタルジックな空間が広がる。

INFO.

東京都武蔵野市吉祥寺南町1-1-6　0422-48-6822
11:30～20:00(ランチ営業は～16:30)(フードL.O.19:00、ドリンク19:45)　不定休
https://www.instagram.com/yuriapemuperu/　不可　JR・京王井の頭線 吉祥寺駅南口より徒歩2分

ガラス細工のランプとアンティーク家具がネオン照明に照らされる、こだわりだらけの店内。

窓際の席では、窓の外の小さな世界に癒される。
どの席に座っても楽しみがあるのが嬉しい。

遊び心たっぷりの店内と
光を楽しむ

喫茶gion

［阿佐ケ谷］

阿佐ケ谷駅から目と鼻の先である「喫茶ｇｉｏｎ」は、平日でもお客さんの足が絶えない。青いネオン照明で照らされた内観に個性豊かなスタンドライトが存在感を放ち、まるで異世界のような雰囲気なのに、不思議と調和がとれて居心地がいい。

室内はオーナーがイチから設計を担当し、段差で座席に高低差を出したり、壁の色を青やピンクに塗ったり……わくわくするようなこだわりがぎゅっと詰まっている。飾られている小物は、お客さんのためにオーナーが集めたもの。遊び心にときめく。

価格が見合わないぐらい調理と材料にこだわったメニューはどれを頼んでも間違いがない。ナポリタンやたっぷりのアイスを載せたクリームソーダを頬張ると、誰もが夢見心地になるだろう。

A見ているだけで幸せになるクリームソーダ(670円)。アイスクリームは濃厚でコクがあり食べ応えばっちり。
B何度も修正を重ねて、妥協がないメニューだけを厳選。その中でもナポリタンはケチャップを使わずじっくりと煮込んだソースが絶品（900円）。
Cお店の各所にある小さい家は、スタジオジブリの『借りぐらしのアリエッティ』のイメージで設置されているそう。

INFO.

東京都杉並区阿佐谷北1-3-3川染ビル1F　03-3338-4381
[日～木]9:00～24:00（L.O.23:30）、[金・土]9:00～25:00（L.O.24:30）　なし　なし　不可
JR 阿佐ケ谷駅北口より徒歩1分、東京メトロ丸ノ内線 南阿佐ケ谷駅2b出口より徒歩８分

店主が開店時からコツコツと集めたこだわりのランプは一見の価値あり。

奥行きがある、ほの暗い地下空間。まるで洞窟を冒険するようだ。

洞窟探検するような浪漫を
COFFEE HALL くぐっ草《そう》

［吉祥寺］

賑わいを見せる吉祥寺のアーケード街の中に、時を忘れて非日常の世界へ誘ってくれる店がある。

そんな「COFFEE HALL くぐっ草」は、言わずと知れた吉祥寺の名店だ。創立380年を超える「江戸糸あやつり人形劇団結城座」の劇団員の手により、昭和54年（1979）春にこの場所に開店してから、40年以上になる。

入り口の地下へ続く階段を降り、重厚感のある鉄の扉を開けると広がる洞窟のような空間。静かに灯る明かりや照らされる土壁の質感を感じていると、思わずここが現代日本であることを忘れてしまうのではないだろうか。長年街に親しまれてきたこのお店は、喧騒を離れて憩いのひとときを過ごしたい人にはぴったりの隠れ家だ。

窓際の明るい植物の空間。まるで地上から光が差しているよう。

A人気メニューの「くぐつ草カレー」。玉ねぎを長時間炒めてつくっており、甘みとスパイスが利いている。
Bオールドビーンズという2年以上熟成させた豆をネルドリップで淹れた、酸味の少ないコーヒー。ストロングとソフトがある。
Cお店の名刺には人形から草が生えたイラスト。もちろん、「江戸糸あやつり人形劇団 結城座」が由縁。

INFO.

東京都武蔵野市吉祥寺本町1-7-7島田ビルB1F　0422-21-8473　10:00～22:00（フードL.O.21:30）　なし
https://www.kugutsusou.info/　不可　JR・京王井の頭線 吉祥寺駅北口より徒歩3分

ドアや照明はイメージに合うものを全国から探して、店舗デザインまで行っているのだという。

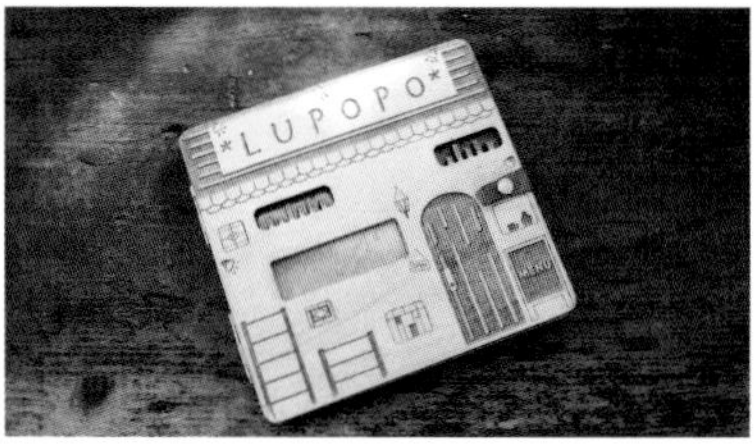

レーザーカッターでつくられたカフェのメニュー表。お店の外観がモチーフの装丁は作家さんの手づくり。

妖精の家で
美しい作品を

LUPOPO

［三軒茶屋］

三軒茶屋を歩いていると突然現れる、妖精の家のようなかわいらしい佇まい。窓から差し込む光がさんさんと溢れ、あたたかな空気に思わず頬も緩む。ボサノバと鳥のさえずりが流れ、森の中にいるような気持ちだ。

そんなここ「LUPOPO」では、カフェと素敵なハンドメイド作品を楽しむことができる。美しいビーズのピアスや、かわいい羊毛フェルト作品、布花《ふか》のコサージュなど、並ぶ作品はどれも素敵で目移りをしてしまう。

ハンドメイド作品に出会う喜び、発表する喜び、作品を通して生まれる喜びをみんなで分かち合いたい！というオーナーの想いから、このお店は作家さんとファンがつながる交流の場所にもなっている。作品や人との偶然の出会いを祝して、美味しいケーキとお茶をいただこう。

Aオーナー花井さんが自身の糖質制限を経て、「お客さんになるべく体にいいものを食べてもらいたい」という想いから生まれた、糖質95%オフのケーキ。ドリンクとセットで1580円〜。
Bハンドメイド作品が棚に並ぶ。買うことができるので、お気に入りを探してみて。
Cイギリス、ハンガリー、フランス、ロシア、日本の5つの国の高級洋食器。それぞれ「紳士のカップ」や「貴族のカップ」などの名前があり、好みのものを選べる。

角丸で特徴的な形の窓とステンドグラスから差し込むあたたかな光に眠気を誘われる。

INFO.

東京都世田谷区三軒茶屋1-35-20平原ビル1F　03-6228-1097　12:00〜18:30　火・水
https://lupopocafe.net/　可（TEL）　東急田園都市線 三軒茶屋駅南口A出口より徒歩３分

砂糖菓子を楽しむ静かな世界

シャララ舎分室 喫茶 余白

［笹塚］

「琥珀糖のソーダ水　青の梅ソーダ」（650円）。金魚の琥珀糖がソーダの中を泳いでいるようだ。

　喧騒から離れて、約束された静かで穏やかなひとときを味わいたい人へ。街に溶け込むように住宅街の中に佇む「喫茶 余白」は、琥珀糖専門店シャララ舎に併設されている喫茶室だ。植物やミニチュアの小物たちでできた室内に足を踏み入れれば、どこか不思議な世界に迷い込んだような気持ちになる。

　穏やかな音楽に混じり時計の針の音が響く店内では、考えごとや書き物など、思い思いの作業と向き合うことができる。その時間はまさに人生の余白そのもの。それぞれのスペースを大切にしながらも、閉塞感のない店内では、互いに顔も名前も知らないお客さん同士でありながらも空間を共にしているというささやかな繋がりを感じることができる。この不思議で癒される距離感を大切にしたい。

A植物と木のあたたかみを感じる店内には、作家さんの作品がたくさん展示されている。
B視線がぶつからないようにと考えられた席は、優しく包み込まれたようなつくりになっていて心地よい。
C隣のシャララ舎では、オリジナルの美しい琥珀糖を手に入れることができる。
D理化学硝子に鉱物やアンティークなどを閉じ込めている「時計荘」ジオラマ作品。ブラックライトを当てると光る蛍石が神秘的。いくつかの作品は購入することもできる。

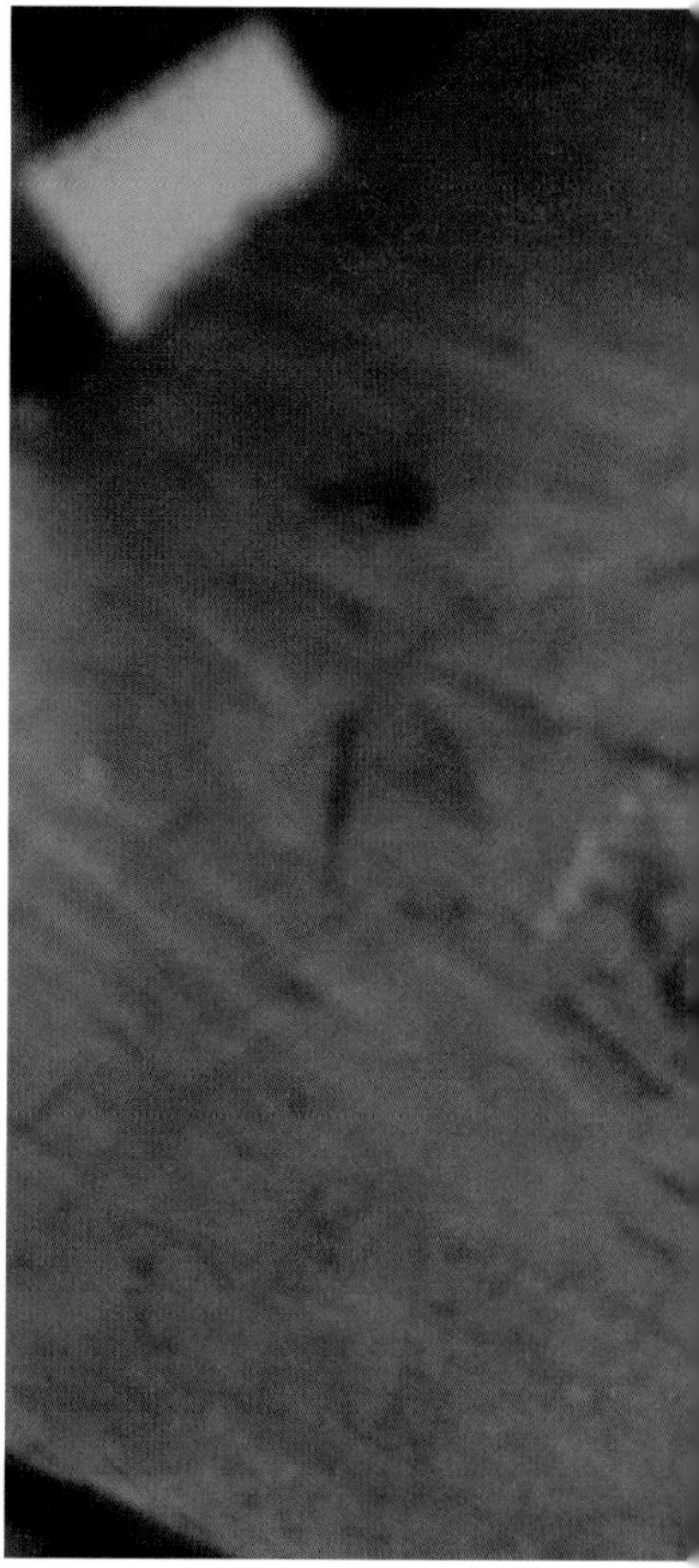

INFO.

東京都渋谷区笹塚1-42-7 101
03-6407-1637
［水～金］14:00～21:00（L.O.20:00）、［土日］12:00～19:00（L.O.18:30）
月・火
https://shalalasha.com/　可（TEL）
京王線 笹塚駅北口・南口より徒歩８分

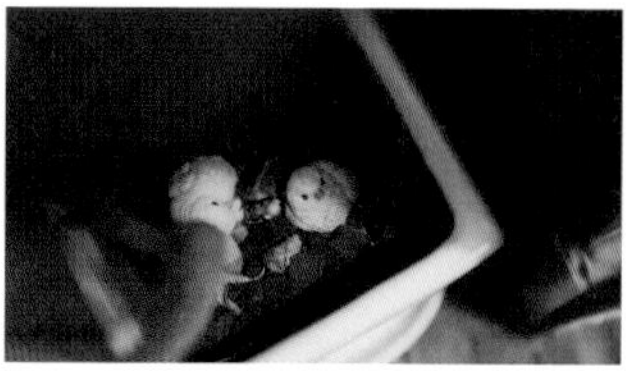

植物の根本で休息をとる小鳥たち。店内には遊び心のある仕掛けがちりばめられている。

ステンドグラスの光が夜を照らす

カフェ香《か》咲《さ》

［外苑前］

外苑前の洗練された街並みの中にある「カフェ香咲」は、昭和59年（1984）の開店以降、老若男女問わず幅広い客が訪れる歴史ある喫茶店だ。お店を飾る美しいステンドグラスが夜道を幻想的に照らしており、道行く誰もが思わず足を止めてしまうだろう。

　店名はスペイン語で家を意味する「CASA」と、人々が集まって寄り添えるような「傘」をかけた遊び心のあるネーミング。さらに、コーヒーの「香り」が花のように「咲く」ようにという願いも込められている。

　特に人気のホットケーキは、その美味しさから愛好家に広く知られ、多くの人々を魅了する逸品である。焼き上がったばかりの外側の香ばしい生地と、中のふんわりとした食感は一度食べたら忘れられない。ぜひカフェ香咲の味を堪能してほしい。

看板犬のマメちゃん。ミニチュアシュナウザーの女の子。

絵の具のパレットのような色とりどりのステンドグラスが魅力的な外観。

ムクの１枚板でできたテーブルカウンター、やわらかな色合いの壁。絵本の中のようなほっこりとした店内。

A元々はまかないだったが、「食べてみたい」という常連さんの声から今では名物となった「ホットケーキ」（830円）。
B「アイスカフェオレ」（750円）はマイルドな味わい。
C店内には店長でペインターのジョナサン氏が手がけた絵が飾られている。メニューのかわいいイラストも担当している。

INFO.

東京都渋谷区神宮前3-41-1　03-3478-4281　11:30～18:00（L.O.17:30）　月（祝日の場合翌火）
https://www.cafecasaaoyama.com/　不可　東京メトロ銀座線 外苑前駅2a出口より徒歩５分

木でつくられた椅子やテーブルが並び、天井からは吊り下げられた植物。そこはまるで森の中に迷い込んだようだ。

螺旋階段の上に吊り下げられたティーポットを模した照明。

ドアを開ければ、そこは絵本の世界

TEA HOUSE はっぱ

［吉祥寺］

「吉祥寺プティット村」は、小川が流れる森の中にメルヘンなお城が建つ、とびっきりかわいらしいテーマパーク。その中のカフェ「TEA HOUSE はっぱ」は、緑に囲まれた店内でいつもよりちょっぴり特別な時間を過ごせる素敵なティーハウスだ。室内はエアプランツやドライフラワーで彩られ、森のピクニックのようにのんびりリラックスできる。こだわりの紅茶やフレーバーティーは18種類の茶葉が用意されており、季節や気分によって選ぶことで、毎回違う楽しさを味わえる。

また親子で楽しむことができ、キッズメニューはもちろん、お座敷席や、ベビーチェア、さらに絵本や塗り絵まで備わっていて、安心して利用できる。一度訪れれば、きっとリピートしたくなる、癒しの場所だ。

はっぱの形をした看板と木の扉は、まるで物語の世界へ続く入り口のよう。

Aふわとろ食感に、中までしっかり味が染み込んだ見た目もかわいらしい猫型の「フレンチトースト」(770円)。
B「果実のハーブティー」(869円)は、ごろっとイチゴとブルーベリー、4種のドライフルーツなど季節で果物が変わる贅沢なハーブティー。お茶を飲み終えた後は中の果実も楽しめる。

INFO.

東京都武蔵野市吉祥寺本町2-33-2吉祥寺プティット村　0422-29-2880　11:30〜19:00(L.O.18:30)
不定休　https://teahouse-happa.com/　可(TEL・メール)　JR・京王井の頭線 吉祥寺駅北口より徒歩10分

のびのび
猫たちのお迎え

Cat Cafe
てまりのおうち

［吉祥寺］

不思議なネコの森「てまりのおうち」は、吉祥寺を代表する猫カフェのひとつだ。広々とした空間、ファンタジーな世界観の内装が特徴的で、特に部屋の中心にある大きなツリーハウスにはわくわくが止まらないのではないだろうか。

店内では多くの猫たちが自由気ままに過ごしており、一度入場すれば延長料金はかからず時間無制限で楽しめる。絵本のような空間の中で、ゆっくりと読書をしたり、寝ている猫の隣で一緒にお昼寝したりと猫好きにはたまらないお店だ。

Ａてまりのおうちで一番のイケメン猫「フィガロ」。映画『ピノキオ』に登場する猫に似ていることから命名されたのだそう。
Ｂビルの3階へ上がると突然現れる、まるで童話に出てきそうな入り口。ドアの向こうの世界に気持ちが高まる。

異世界にトリップしたかのようなメルヘンな世界観。カフェスペース中央には半個室のツリーハウスが2つある。

INFO.

東京都武蔵野市吉祥寺本町2-13-14武蔵フォーラムⅢ3F　0422-23-5503
［月～金］12:00～20:00、［土日・祝］11:00～20:00（いずれもL.O.19:30）　不定休
http://www.temarinoouchi.com/　可（公式HP・TEL）　JR・京王井の頭線 吉祥寺駅北口より徒歩５分

A店内では20匹以上の猫たちが思い思いの時間を過ごしており、お城の中を散策すると至る所で猫と出会える。
B見た目にも味にもこだわったメニューがたくさん。「ふわふわカフェラテ」（572円）はふわふわのミルクの泡に小さな肉球。心も体もほっとするお味。
C入り口の横には看板猫の「てまり」をモデルにした猫の噴水が鎮座している。猫の口から出た水は吉祥寺プティット村の小川に続く。

猫のお城に
お邪魔します

Cat Cafe
てまりのおしろ

［吉祥寺］

猫用のトイレ。小さな入り口から出入りしている姿に、思わず笑みが溢れる。

「てまりのおうち（P24）」の姉妹店である「てまりのおしろ」は、「猫たちがつくったヘンテコなお城」をテーマにした猫カフェ。店内中央の木を上って、猫たちが1階と2階のフロアを自由に行き来できるようになっていたり、壁に1匹分ちょこんと座れるスペースがあったりと、楽しい仕掛けがいっぱい。魚の形をした明かりやシャンデリアは、猫がつくったお城ならではの内装だろう。
「てまりのおうち」と同様に時間無制限なので、ゆったりくつろげるのも魅力的だ。

INFO.
東京都武蔵野市吉祥寺本町2-33-2吉祥寺プティット村
0422-27-5962
［月～金］11:00～20:00、［土日・祝］10:00～20:00（いずれもL.O.19:30）
不定休
https://temarinooshiro.com/
可（公式HP・TEL）
JR・京王井の頭線
吉祥寺駅北口より徒歩8分

洗練された街の中に佇むツリーハウスは、まさに都会のオアシス。秘密基地のようでわくわく。

ツリーハウスにわくわく心躍らせて

レ・グラン・ザルブル

［広尾］

広尾駅から少し歩いて角を曲がると突然現れる、大きな木とツリーハウス。50年以上も前からそびえ立つタブの木に、後から添えてつくられた「レ・グラン・ザルブル」は、フランス語で「大きな木」という意味である。まるでファンタジーの世界に迷い込んでしまったかのような雰囲気のボタニカルカフェだ。

1階の花屋を通り抜け、木製の階段を上ると、多くの植物に囲まれたリラックスできる空間が広がる。フレンチカントリーを意識したアンティーク調のインテリアがどこか懐かしい雰囲気を演出し、心がほっこりとあたたまる。休日の寄り道や、仕事帰りの人たちが集うこのカフェでは、近所の常連さんも顔を見せる。様々な人たちが集まるこの場所で過ごすと、いつの間にか話にも花が咲いてきそうだ。

内観はウッドテイストのナチュラルな雰囲気。

Aカフェは3階と屋上にあり、1階と2階は「Fleur Universelle」というお花屋。草原から摘んできたようなナチュラルさを大事にしている。
B大人気の「おまかせヘルシーデリプレート」(1500円)は季節の野菜たっぷりで、心も体もリフレッシュ。
C自然に囲まれて味わうフレッシュなハーブティーは至福。「森イチゴのルイボスティー」や「ハニーブッシュの彩りハーブ」など、珍しい種類も多く取り揃えている。

INFO.

東京都港区南麻布5-15-11 3F・屋上　03-5791-1212　11:00〜19:00(L.O.18:00)　無休(花屋は木)
https://fleur-universelle.com/　可(TEL)　東京メトロ日比谷線 広尾駅1番出口より徒歩1分

ジャズの音楽に混じり、時計の針の音が聞こえるのが心地よい。

古時計の音に優しく包まれて

物《もの》豆《ず》奇《き》

［西荻窪］

人通りの多い道を進んでいると、何やら古い教会のような雰囲気を持つ店がある。この「物豆奇」は西荻窪で40年以上続く老舗の喫茶店だ。木のぬくもりを感じる店内は、国立で半世紀にわたり愛された名店「邪宗門《じゃしゅうもん》」の当時の姿を参考にしたそう。

目を引くのは、あちらこちらに飾られた古時計たち。現役で動いているものもあれば、止まってしまったものもあり、何やら不思議な時間の流れを感じる。かすかな明かりが灯るランプやステンドグラス調の窓はレトロな雰囲気で、現代東京から隔絶されたような気持ちだ。コーヒーは注文を受けてから豆を挽き、一杯一杯、丁寧に淹れるとのこと。至福の一杯とともに、ゆったりとした空気感も味わえる、そんな時間を忘れさせてくれるお店だ。

A「コーヒーフロート」(550円) は人気メニューのひとつ。「チーズトーストサンド」(330円) もまさに王道の味わい。

B10を超えるノスタルジックな時計たち。形や音を比べるのも楽しい。

C西荻窪のメインストリート沿いに突然登場する、アンティーク調の店構えが目印。

INFO.

東京都杉並区西荻北3-12-10　03-3395-9569　11:30〜20:00 (L.O.19:00)

不定休　なし　不可　JR西荻窪駅北口より徒歩7分

喫茶店が楽しくなるうんちく

クリームソーダ編

クラシックで落ち着く雰囲気の「資生堂パーラー　銀座本店サロン・ド・カフェ」。

見た目も美しい「アイスクリームソーダ（レモン）」（1200円）。

喫茶と言えばクリームソーダという人も多いですが、日本での起源は諸説あります。その中でも歴史あるクリームソーダのひとつが、資生堂薬局に由来したものなのです。

　化粧品やパーラーでお馴染みの資生堂ですが、元々は明治5年（1872）に日本初の民間洋風調剤薬局として銀座で創業しました。創業者である福原有信氏が、アメリカのドラッグストアなどにあるソーダ水や軽食を出すカウンター「ソーダファウンテン」の存在を知ったことから、日本でも資生堂薬局の一角で日本初のソーダファウンテンができました。そしてまだ珍しかったアイスクリームも製造販売するようになり、それらが一体となった「アイスクリームソーダ」が多くの人々に楽しまれるようになったのです。

　現在の資生堂パーラー創業の地にある「銀座本店サロン・ド・カフェ」には、レモン、オレンジ、月毎で変わる味と、3種類のフレーバーのアイスクリームソーダがあります。ちょっと特別な日に、歴史を感じながら味わってみては？

CHAPTER
2

ヨーロッパ旅情を味わう

1歩足を踏み入れれば、まるでヨーロッパの
どこかの国へ旅に来たかのよう。
美しく佇む洋館や豪奢なシャンデリア、
上品さを感じるアンティークカップなどを見ていると、
心がわくわくと沸きたつこと間違いなし。

喫茶室上部には大きなアーチ状のステンドグラスがある。優しい光で店内をつつみ優雅な空間をつくり出す。

5階建てのレンガ張りの建物。1階は喫茶室と西洋菓子売店、2階は英国風酒場、3階はフランス料理店、4～5階は宴会場。

赤レンガとステンドグラスで
気分はヨーロッパ

馬車道十番館

［横浜］

「馬車道十番館」は、横浜開港の頃の外国商館を再現したレトロモダンな西洋館だ。

吹き抜けの天井に大きなステンドグラス、多くのアンティークな調度品が置かれ、「まさに横浜」といった異国情緒の空気が漂う。この空間で西洋由来のコーヒーやケーキをいただいていると、今なお残る華やかな文明開化の空気に浸れるのではないだろうか。

同じ館内にあるレストランやバーをはしごして楽しむのもよし、展示されている貴重な歴史資料を見て歴史に想いを馳せながら館を歩くのもよし。この館だけで様々な楽しみ方ができる。喫茶室併設の売店で売られている馬車道の名物である「ビスカウト（＝ポルトガル語のビスケット）」は、ぜひお土産にいかがだろうか？

A こちらは伝説のバーテンダー金山二郎氏が2001年まで勤めた２階の英国風酒場。料理は喫茶室・レストランからもオーダーが可能。

B 創業当時から人気のショートケーキ(825円※店内利用)。ホール型に焼いたふわふわのスポンジケーキの間にもイチゴスライスと北海道産の生クリームがたっぷり。

INFO.

神奈川県横浜市中区常盤町5-67　045-651-2621
10:00～22:00(L.O. 21:30)　なし
http://www.yokohama-jyubankan.co.jp/　不可
横浜市営地下鉄ブルーライン 関内駅９番出口より徒歩１分、東急みなとみらい線 馬車道駅５番出口より徒歩３分、JR 関内駅北口より徒歩６分、JR 桜木町駅南改札東口より徒歩８分

森の中に
佇む洋館

カフェ
エリスマン

［横浜］

外国人居留地としての歴史を持ち、横浜の街を見守ってきた山手エリア。その元町公園内の7つの西洋館のひとつである「エリスマン邸内に、「カフェ エリスマン」はある。「近代建築の父」と呼ばれた建築家アントニン・レーモンド氏の設計で、白亜の佇まいが大正ロマンを感じさせる。

元町・中華街駅から徒歩で8分という立地もまた隠れ家感があって魅力的だ。デザート、ドリンクだけでなく軽食もあるので、公園内を散策してから足を休めに来るのもおすすめだ。

A生糸貿易商社シーベルヘグナー商会の横浜支配人格として活躍した、フリッツ・エリスマン氏の邸宅だった。
B半円のテーブルは窓に面しており、元町公園の景色を眺めることができる。

ベルギーの高級アイスクリームGlacio（グラシオ）を使用したアフォガート（650円）。

INFO.

神奈川県横浜市中区元町1-77-4　080-7067-7056　10:00〜16:00（L.O.15:30）
第２水曜（休日の場合は翌木）、年末年始（12/29~1/3）
https://www.hama-midorinokyokai.or.jp/yamate-seiyoukan/ehrismann/cafe.php　不可
東急みなとみらい線 元町・中華街駅６番出口より徒歩８分

かの有名な鹿鳴館、三菱一号館などを手掛けたイギリスの建築家ジョサイア・コンドル氏の設計。薔薇の庭園は春と秋の時期に開花の見頃を迎え、圧巻の美しさを誇る。

A旧古河邸喫茶室はコンドル設計の石造りの洋館。天井の細やかな装飾が目を惹く。
Bコーヒー、紅茶、ルイボスティーから選べる、ケーキと合わせたケーキセット（1300円）。

庭園観賞に
お茶を添えて

旧古河邸 大谷美術館 喫茶室

［駒込］

旧古河邸は、国指定名勝「旧古河氏庭園」の中にある貴重な文化財。1階の大食堂は喫茶室として利用することができるので、庭や洋館歩きに疲れたら、ぜひ足を運んでみてはどうだろうか。喫茶室の窓から庭園を眺めることができるのも心惹かれる要素のひとつで、季節により開花する様々な種類の薔薇を楽しめる。特にテラス席は天気のいい日にはおすすめだ。洋館の醸し出す上品で趣深い空間は、思わず背筋が伸びる。非日常を味わいたい方にはぴったりの場所に違いない。

INFO.

東京都北区西ケ原1-27-39　03-3910-8440
12:00～16:30（L.O.16:00）　不定休
http://www.otanimuseum.or.jp/kyufurukawatei/information.html　不可
JR 駒込駅より徒歩12分、JR 上中里駅より徒歩７分、東京メトロ南北線 西ケ原駅本郷通り口より徒歩７分

今では物珍しい回転扉で入り口から楽しめる。

87年愛される
街角のカフェ

トリコロール本店

［銀座］

昭和11年（1936）に創業された、文化人の交流の場でもあった銀座の老舗喫茶「トリコロール」。緑が生い茂るレンガ造りの店構えは、ヨーロッパの街角のカフェを連想させる。昭和30年代の良質なコーヒーの味を再現すべく、豆は中南米の標高が高い山のものを厳選。注文を受けてからネルドリップで一杯一杯淹れるというこだわりだ。さらに、コーヒーにぴったりのスイーツが充実しているのも嬉しいところ。上品な大人の街でそんな贅沢な時間を味わうのも、「銀ブラ」のひとつの楽しみ方だろう。

A「エクレア」（650円）は、注文を受けてからクリームを挟むためさくさく食感で大人気。濃いアンティークブレンドコーヒー（1070円）とも合う。
B紺色の絨毯と赤レンガと木のレトロな内装が、お店の歴史を感じさせてくれる。

INFO.

東京都中央区銀座5-9-17　03-3571-1811　8:00～18:00（L.O.17:30）　なし
http://www.tricolore.co.jp/ginza_trico/　不可　東京メトロ 銀座駅A3出口、東銀座駅A1出口より徒歩3分

豪華な空間で 気分は貴族

珈琲専門館 伯爵

[池袋]

「珈琲専門館 伯爵」は明治通り沿い、西武百貨店の並びという一等地に昭和57年（1982）創業した、東口エリアでも老舗の喫茶店。扉を開けた瞬間目に飛び込む、真っ赤なベロア調の椅子とシャンデリアが目を引くゴージャスな内装に、思わず漏れる感嘆の声。近隣のビジネスパーソンがランチで利用することも多く、ビーフカレーやピザトースト、ドリアやパスタなど食事メニューが充実しているのも嬉しい。系列店が同駅の北口と巣鴨駅にもあるため、ぜひ訪れて何回でも味わいたい。

A 欧風のホテルのラウンジのような非日常気分へ誘うゴージャスなインテリア。スペースも広々としておりゆったりとくつろげる。
B 「喫茶店のシーフードパスタ」（700円）。なかなかお目にかかれないメニュー。濃厚クリーミーなソースに、魚介の旨みが閉じ込められたどこか昔懐かしい味。

「昔ながらの昭和プリン」（580円）。しっかりとした固さがありながら滑らかな口溶けが特徴。前日に採れた新鮮な卵のみを使用している。

INFO.

東京都豊島区南池袋1-18-23ルックハイツ池袋B棟2F　03-3988-2877　8:00～23:00（L.O.22:30）　なし
https://twitter.com/hakusyakucoffee　可（公式HP）
JR・東京メトロ・東武鉄道・西武鉄道 池袋駅東口より徒歩3分

扉を開けると真っ先に目に入る鹿の剥製と檻のような半個室。よく見ると店内の壁にはグリム童話「命の水」が忠実に描かれている。

館の外壁は植物で覆われ、店の入り口には魔女の絵が。

中世ドイツ騎士の館へ ようこそ

パペルブルグ

［八王子］

山中に突然現れる洋館。この「パペルブルグ」は、なんと中世南ドイツ騎士の館をモチーフに建てられたコーヒー専門店だ。甲冑やステンドグラス、壁画などに囲まれた店内に圧倒されるが、古いレンガは英国から取り寄せたり、窓ガラスはドイツでオーダー、床材は船で使われていたものを使用したりと、とにかく本物へのこだわりがあるからこそ、唯一無二の世界観が輝く。

そんな格調高い雰囲気の店内、提供されるものも全て逸品。特にコーヒーは特別な自家焙煎方法と秘伝のジャーマンローストによって豆本来の旨み、甘味、香りを引き出し、芯まで火を通すことで雑味を消し、カフェインも減少され、体に優しい仕様。時代も国も超えたようなこのお店で、時間を忘れて楽しみたい。

窓辺にはテーブル席が2つ。奥には6人以上でも入れる個室も完備している。ひとりでも大人数でも楽しめる。

A創業当初から続くブレンドに合わせてつくられた、華やかな「プリン・ア・ラ・モード」(1320円)。

B休日限定の「季節のフルーツパフェ」(種類によって価格は変更)。冬と春はイチゴ、夏はマンゴー、秋はブドウなど季節によって変わる。コーヒーとの相性もばっちりだ。

Cランチメニューはサンドウィッチ、パスタ、ピザパイ、ビーフシチューの4種類。サンドウィッチとパスタの種類は日替わりだ。

INFO.

東京都八王子市鑓水530-1　042-677-5511　10:00〜19:00(L.O.18:00)　不定休

https://pappelburg.com/　可(TEL)

JR 八王子駅南口、JR・京王相模原線 橋本駅北口より神奈川中央交通バス「自然公園前」下車徒歩すぐ

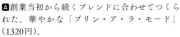

コーヒーにこだわる
至福の店へ"入学"?

コーヒーの大学院
ルミエール・ド・パリ

［横浜］

煌びやかで重厚感溢れる内観は個性たっぷり。

A コーヒーは豆を20g、なんと通常の2倍の量を挽いて淹れる贅沢な一杯。
B ケーキはクリームブリュレの他7種類から選ぶことができる（450円）。
C「大学院」と書かれた看板と赤い軒先のテントが目印の外観。
D エビフライなど洋食のメニューも充実しているため、ランチ目的で訪れるお客さんも多い。

横浜スタジアムの近くを歩いていると、公園の目の前に一際目立つ鮮やかなお店に気付く。それが「コーヒーの大学院 ルミエール・ド・パリ」だ。

創業は昭和49年（1974）。何故大学院なのかと言うと、「最高級のコーヒーを提供する」ことから、同じく最高学府である「大学院」の名称を選んだから。その名に自負する通り、コーヒーは厳選した10種の豆が使われており、お客さんのために丁寧に注いでくれる。

店内奥にはオーキット特別室というさらにゴージャスなスペシャルルームが存在し、そのとにかく華やかな装飾は一見の価値ありだ。カトレアのタイル画や天井には光り輝くシャンデリアが吊られており、大理石のテーブルで味わうひとときは、まさに至福の時間。

INFO.

神奈川県横浜市中区相生町1-18　045-641-7750
［月～金］10:00～18:00、［土・祝］10:30～18:00（いずれもL.O.17:00）
日　なし　可（TEL）　JR関内駅南口より徒歩5分

奥にはイートイン席があり、ヨーロッパの川のほとりのカフェのような静かでのんびりとした雰囲気が漂う。

チョコとアイスの
とろけるマリアージュ

teal
chocolate & ice cream

［日本橋］

希少なアマゾンカカオを使った濃厚なチョコレートプリン。上にはさっぱりとしたミルクジェラート。「チョコレートプリンにミルクアイスをどーん」（1210円）。

「teal chocolate & ice cream」は、令和3年（2021）11月にオープンした、チョコレートとアイスクリーム専門店。アジアベストショコラティエを受賞した眞砂翔平氏と大人気店「ease」のパティシエ大山恵介氏が組み、高い技術力で生まれた商品はどれも絶品。

店名の「teal」は、青と緑の中間のターコイズ色のこと。江戸時代に水運が盛んだったこのエリアにちなみ、水鳥である鴨の羽色をイメージして名付けられた。そのため、店内にはかわいい鴨のマークや置物が。壁や天井の一部は歴史的建造物の面影を残しつつ、ヨーロッパのテラスカフェを思わせるような大きな窓や鮮やかなターコイズ色のパッケージやカウンターがちりばめられ、歴史と新しさが調和する空間になっている。

A 絹のような舌触りのジェラート（750円）。素材の味や香りが濃厚に広がる滑らかな口当たり。
B チョコレート、焼き菓子はカジュアルな見た目で軽やかな味わい。パッケージもかわいく贈り物にも最適。
C お店のある日証館は、2024年の新一万円札の顔となる予定の、「日本資本主義の父」と称される渋沢栄一の邸宅跡地に建設された歴史的建造物だ。

INFO.

東京都中央区日本橋兜町1-10日証館1F　03-6661-7568　11:00～18:00（L.O.17:00）　水
https://www.instagram.com/teal_tokyo/　不可
東京メトロ 茅場町駅11出口より徒歩５分、東京メトロ・都営浅草線 日本橋駅D2出口より徒歩６分

一際目をひくレンガ造りでモダンな青い屋根の洋館。

店内の至る所に鮮やかなステンドグラスがあり、レトロな雰囲気を醸し出す。

小さな洋館でゆったりと過ごす時間

コーヒーハウス るぽ

［清瀬］

住宅街の中にぽんと現れる、レンガ造りのかわいらしい小さな洋館。「コーヒーハウスるぽ」はドラマのロケ地としても有名な老舗の喫茶店だ。店名はフランス語の「ルポ（＝休憩）」からで、ほっと一息つけるような居場所を提供したいという思いが込められている。

スイーツからごはんものまで和洋折衷幅広いメニューを展開しており、コーヒー豆を農園から探したり、定番のものでも時代に応じて味を変化させたり、お客さんが喜ぶものをと真摯にこだわり続けたオーナーの探究心の賜物だ。

昭和64年（１９８９）の創業以来、お客さんと一緒に歩んできたこのお店、親子3代で訪れる常連さんもいるのだとか。世代を超えて愛され続ける清瀬の名店だ。

Ａモーニングはコーヒーにパンがついてくるスタイルだが、こちらは丸ごとセットとなる「おはようメニュー」（680～730円、AM8:00～11:00）。
Ｂ甘いもの好きにはたまらない、創業からある人気メニューの「ワッフルケーキ チョコバナナ」（630円）。チョコバナナ以外にもキウイ、あんず、などワッフルだけでなんと20種類。
Ｃ店内にある木製の電話ボックス。実は実際に使うことができる。

INFO.

東京都清瀬市中清戸5-201　042-491-9020
［月～土］8:00～20:00、［祝］8:00～19:00
日、年末年始（12/30～1/3）　なし　不可
西武池袋線 清瀬駅北口より西武バス「中清戸」下車徒歩１分

天井の高さがゆったりとした空気をつくり出す店内。１階席と２階席がある。

こだわりの照明は世界観のためのキーアイテム。

親子2代にわたって大森を見守る
珈琲亭
ルアン

［大森］

かつていくつも映画館があり、街が賑わいを見せていた昭和46年（1971）、「珈琲亭ルアン」はオープンした。

暗めで落ち着いたウッドテーブルやレトロなバラ模様の絨毯、先代オーナーがこだわって仕入れたアンティークなランプが印象的だ。創業当時から変わらない内装で、思わずノスタルジーを感じてしまう。

お客さんが喜んでくれる時間を提供し、それぞれに心地よい居場所を見つけてもらえるようにというおもてなしの心意気は2代目にも受け継がれ、今なお多くの人々が朝のモーニングサービスから夜のコーヒーまで楽しみにここへ来る。半世紀経って街が変わっても、このお店だけは変わらずに、当時の面影を持ってお客さんをあたたかく迎え続けるのだ。

階段を上がると電話ボックスと背もたれの高いU字のソファー。プライベート感が確保されているのが嬉しい。

A 手書きで書かれたポップなメニューとアンティークに囲まれた内装。
B 「アイスカフェオレ」（550円）を頼むと、カフェオレをグラスに注ぐパフォーマンスを目の前で体験できる
C バラの形のクリームに温かいミルクティーを注いでくれる「ベルサイユのバラ」（650円）はかわいいと大人気。
D 角を曲がると目に入る、大きな看板が目印。。

INFO.

東京都大田区大森北1-36-2　03-3761-6077
［月～水・金・土］7:00～19:00（L.O.18:30）、［日・祝］7:30～18:00（L.O.17:30）
木・不定休　https://otakushoren.com/trip/9541　不可　JR 大森駅東口より徒歩３分

気分はフランス？
アンティークと贅沢な時間を

Majorelle《マジョレル》 Cafe《カフェ》

［三軒茶屋］

世田谷区下馬の静かな住宅街に突然現れる、素敵でおしゃれな装飾の扉。どきどきしながら入ってみると、フランスの美術館のような部屋が。「Majorelle Cafe」は、このアンティークギャラリーに併設されているカフェだ。

ギャラリーにはオールドバカラのグラスをはじめとする19世紀後半から20世紀前半までのフランスアンティークを中心に、ヨーロッパ各国から家具や照明器具、テーブルウェア、照明、インテリア雑貨が集まり、見ているだけで楽しい。

カフェはバカラ生誕の地であるフランス・ロレーヌ地方にあるお店がイメージされており、上品な雰囲気に心も穏やかかつ華やかに。ほんの少し非日常なアンティークとふっと安らぐカフェが混じり合う場所だ。

Aアンティークの中にはお得なアウトレット商品も。宝探し気分で訪れたい。
B店内の商品、店内スペースは撮影などに貸し出しもしている。
Cガラス張りの扉は、フランスの街角のカフェのよう。

「自家製プリン」(650円)はしっかり固めで濃厚。オールドバカラのグラスで提供されるのも嬉しい。

INFO.

東京都世田谷区下馬2-6-14　03-5787-6777　11:30〜18:00(L.O.17:00)　火・水
https://www.majorelle-jp.com/　平日のみ可(TEL・公式HP)
東急田園都市線・東急世田谷線 三軒茶屋駅南口A出口より徒歩13分、東急東横線 祐天寺駅西口1より徒歩14分

温室の光溢れるティータイム

CAFE La《ラ》 Bohème《ボエム》 PENTHOUSE《ペントハウス》

［白金台］

白金台のプラチナ通り沿いに構える、まるでヨーロッパの小さなお城のような「CAFE La Bohème PENTHOUSE」。ガラスの天井から日差しが差し込む開放的な空間で、広々としたソファー席に座れば、居心地のよさに話も弾んでしまうだろう。お店自慢のアフタヌーンティーは季節感に合わせて、春はイチゴ、夏はレモン、秋は栗や芋、冬はクリスマスなどのテーマで楽しめる。パティシエが一から丁寧につくり上げたスイーツと世界観をゆっくりと味わおう。

Aストロベリーの赤を基調にした春のアフタヌーンティー。紅茶はフリードリンクで、料理やスイーツとの取り合わせもばっちり。
Bまるでお城のようなヨーロッパを意識した建物。
C温室を彷彿とさせる天井のガラス窓とシャンデリア、海外インテリアが調和する。

INFO.

東京都港区白金台 4-19-17 3F　050-5444-5931　11:30〜24:00　なし
https://boheme.jp/penthouse/　可（公式HP・TEL）
東京メトロ南北線・都営三田線 白金台駅出口１より徒歩５分　※2023年4月現在、予約受付停止中。夏頃受付開始予定。

A イタリアの田舎街にある家がイメージされたこだわりの建物。ガーデニング&フラワーショップ、カフェ、レストランが併設されている。
B 1番人気のパンは「ヴィエノワ・ミルククリーム」(280円)。なめらかなクリームがたっぷり詰まっている。
C 大きな窓から中庭の景色を眺めることができる。
D イタリア産の小麦でつくるこだわりの「マルゲリータピッツァ」(1540円)。ふっくら厚生地のピザは弾力がありつつもちもち。

天気のいい日にぴったりなテラス席。イタリアの国旗のような配色の椅子がかわいい。

ここは
“日本のイタリア”!?

GARDEN SQUARE cafe《カフェ》 Felice《フェリーチェ》

[都立家政]

「GARDEN SQUARE」の中にある「cafe Felice」は、イタリア好きのオーナーが「ナポリの山にある小さな町のカフェ」をイメージしたこだわりの空間で、ナポリを感じる料理や庭の緑、花々が魅力。中庭は春には桜、夏には生い茂る緑、秋は紅葉、冬は雪景色と、様々な風景が季節ごとに楽しめる。「Felice」とは、イタリア語で「幸せな」。ふらっと訪れ、心をほっと満たしてくれる自然を身近に感じながら、ゆるやかで幸せな時間が流れるお店だ。

INFO.
東京都練馬区中村南1-27-20
03-3825-2992
9:00〜18:30(L.O.18:00)
木(祝日の場合は営業)
https://g-s.jp/　不可
西武新宿線 都立家政駅北口より徒歩7分

茶色のアンティーク調の扉と赤いテントが特徴的な外観。

店主自ら手焼きをする自家焙煎コーヒー（450円～）は、一杯ごとにサイフォン式で淹れる。

突然現れる
かわいい扉を開ければ

COFFEE WORK SHOP Shanty《シャンティ》

［北千住］

北千住の憩いの場「COFFEE WORK SHOP Shanty」は、昭和43年（1968）創業の老舗だ。街角に突然現れる、赤と緑のレトロポップな入り口がかわいらしい。

　店内はレンガ造りのクラシカルで落ち着いた色合いになっており、ゆったりとした時間が流れる。20種類あるコーヒーは、飲み比べてみると一杯一杯確かな違いを感じることができる。自家焙煎した豆を買って帰ることもできるのが嬉しい。さらに、コーヒーだけでなく紅茶やジュースも豊富でドリンクだけで40種類ものメニューが。笑顔の素敵なオーナーご夫婦に、好みを伝えておすすめを聞いてみるのもいいだろう。あたたかな会話で肩の力も抜ける。ほっと一息つきたい時に訪れたくなる、もう1つの家のような喫茶店だ。

漆喰の壁は、長い年月をかけてタバコの煙で染まった深みのある色合い。

A 4種類の自家製ジャムを添えた「ジャムセッショントースト」(500円)。
B シフォンケーキはフォークを入れるとしゅわしゅわと音がするほどふわふわ。
C 緑の店内に映える赤いコーヒーの缶。定番から珍しいものまで豊富な種類のコーヒー豆を取り揃えている。

A

B

C

INFO.

東京都足立区千住1-30-1　03-3881-6163
10:00〜19:00(L.O.18:30)　水・木　なし　不可
JR・東京メトロ・東武鉄道 北千住駅西口より徒歩5分

COLUMN

喫茶店が楽しくなるうんちく

喫茶店とカフェ編

「珈琲亭ルアン」と「teal chocolate & ice cream」。一般的な「らしさ」で言うと、落ち着いたアンティークっぽい空間が喫茶店で、開放的な空間がカフェだが、必ずしもそうとは限らない

日本で軽食やケーキを食べるとなると、喫茶店かカフェに行く人は多いのではないでしょうか？　年々、新しいカフェは増えていたり、昭和レトロな喫茶店が若者には逆に新しく感じられて流行になることもあったり……。だけど、両者のお店の違いについて考えたことはありますか？

結論から言いますと、実は明確な違いはもう無いんです。以前までは喫茶店とカフェ、それぞれを開業するにあたって営業許可証の違いがありました。喫茶店の許可証ではアルコール類の提供はできず、フードメニューもトーストのような簡単に調理ができるもののみ。しかし、食品衛生法の改正により、令和3年（2021）6月以降はカフェも喫茶店も同じ飲食店の営業許可申請が必要になったので、経営上はもう同じ。

とはいえ、これらはお店側のお話。お客さんからしたら、何のこっちゃだと思うので、結局のところそれぞれのお店の歴史や名前、込められた想いなどをよく知って、何故喫茶店にしたのか、カフェにしたのか、考えてみると面白いかもしれませんね。

CHAPTER
3

隠れ家でじぶんの時間を

ひとりでほっと息をつきたい、
仕事帰りにのんびりしたい、静かに読書をしたい。
そんな時は、隠れ家のような喫茶店で羽を伸ばすのもいいだろう。
心穏やかに自分の時間を楽しむことが、
日々の暮らしの充実につながるのだ。

何気ない日々に灯る
ひとりの時間

レキュム・デ・ジュール

［仙川］

冬はリンゴ、春はイチゴ、初夏はオレンジマンゴー、夏はブルーベリー、秋はキャラメルミルクと、季節ごとに変わる「季節のパフェ」（1000円～）。ネルドリップで淹れたまろやかなコーヒーとセットも可能（1450円～）。

A

B

C

D

A仄暗い空間を照らすライトで、心もあたたかに。静謐になりすぎないジャズ音楽も心地よい。
B元編集者であるオーナー自身が集めたり、友人からもらったりした多種多様な本が店内に並ぶ。ランダムに置かれているようでテーマ性を感じるところも魅力のひとつ。
C音楽に混ざって聞こえる時計の針の音から、過ぎ行く時間が感じられる。
Dカウンターにはお酒がずらり。夜はバーとしても営業している。

仙川駅から5分ほど歩いた、商店街の終点にこのお店はある。店名の「レキュム・デ・ジュール」は、フランスの作家ボリス・ヴィアン氏の小説『日々の泡』の原題から。店内は小説のオマージュのように飾られた切り花で彩られ、美しく切ない青春の世界観を表現するようだ。

時計の音やジャズに耳を澄ませたり、読書にいそしんだり、物を書いたり……能動的に時間を使う体験は、「ここにいる自分」の存在を自覚させてくれる。それは世に溢れた娯楽によって受動的に時間を奪われる現代人には、大切な時間だろう。「夕暮れ時のフレンチトースト」「夜のナポリタン」のように、移り行く時を意識するためのメニューもある。幾度も通い、日々の中にある「ひとりで過ごす時間」を大切にしたい。

INFO.

東京都調布市仙川町1-15-4 水清ビル2F
03-5313-4078 12:00〜23:00
月（祝日の場合翌火）
http://lecume.web.fc2.com/、https://www.instagram.com/lecume_hibinoawa/
不可
京王線 仙川駅より徒歩5分

このお店では、分館「日々の泡（P58）」行きの「乗継喫茶切符」がもらえる。当日であれば、割引券として分館で使えるのだ。逆に分館では本館行きの切符も。今では珍しい紙の切符は記念として手元に残すこともできる。

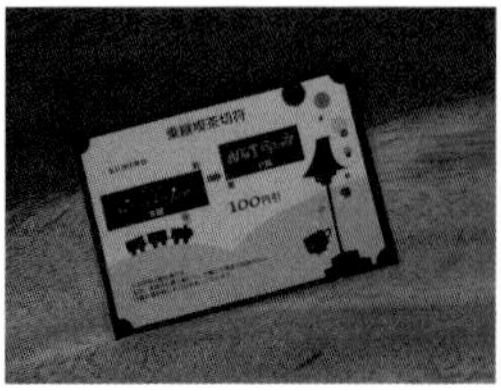

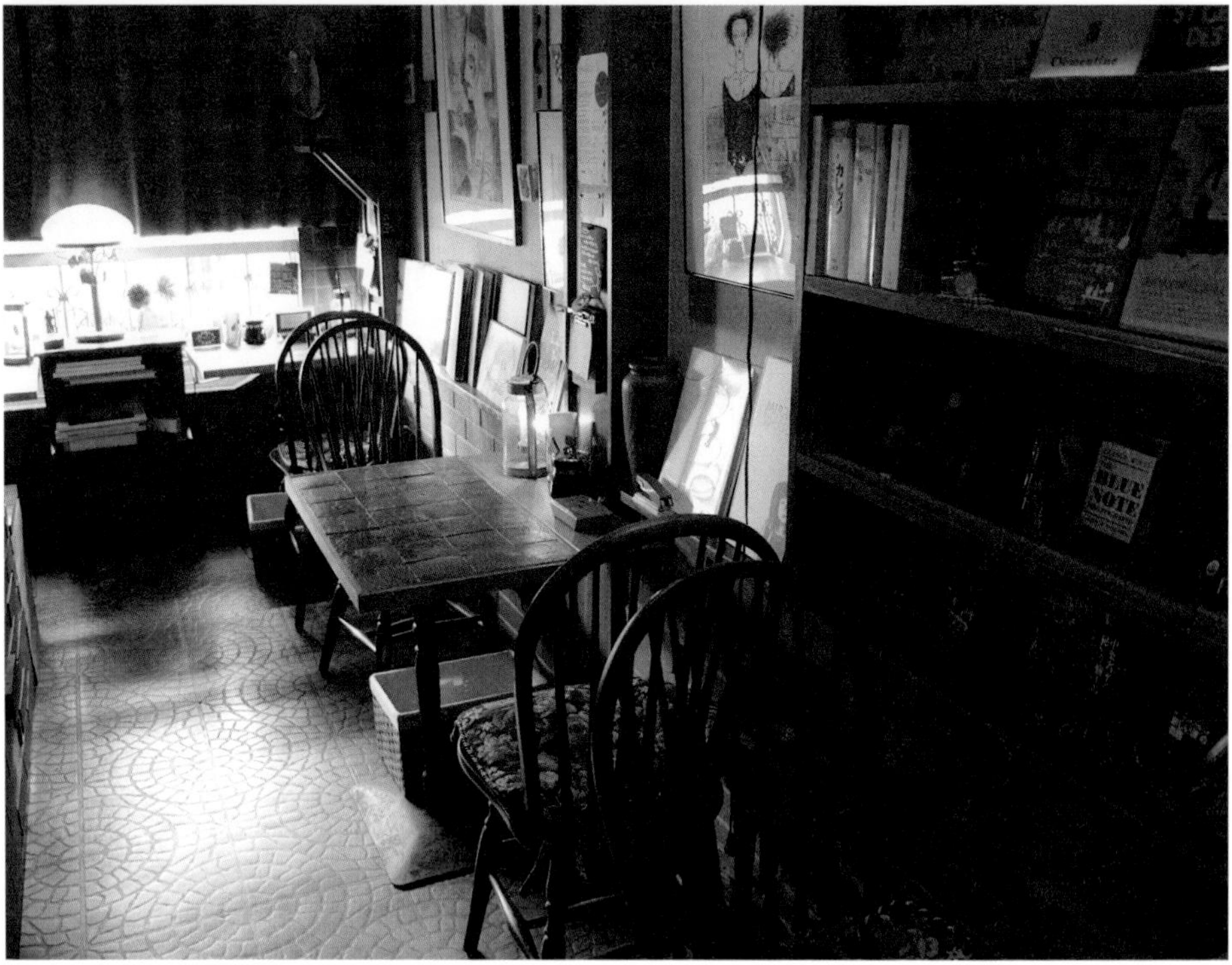

細長く面白い店の形が特徴。本館と同じく『日々の泡』オマージュで窓際には花が。本棚はフランスをテーマにした本や夢が広がるような絵本が並んでいる。

商店街に佇む入り口の木製の看板。表に出ている時計が閉店時刻を示している。

どこかにありそうで、ない。
小さな喫茶

喫茶室

日々の泡

［仙川］

「灯台下暗し」と言うべきなのか。商店街の真ん中で、知らなければ通り過ぎてしまうほど静かに佇むこのお店は「喫茶室日々の泡」。同じ商店街の終点には本館の「レキュム・デ・ジュール（P56）」がある。

商店街の騒めきとは切り離されたような、不思議な空間だ。元々あった老舗喫茶「喫茶まり」を受け継ぎ、年月を経た壁やテーブルを手直ししてつくった店内には、古きよき喫茶の空気を長く残しておけるようにという店主の思いが込められている。「喫茶室」という言葉に籠る小さく静かな響きは、ひとりでゆっくり過ごしたい時にぴったりだろう。

商店街に灯る小さな明かり。灯台のように街を照らすこの店で、家へ帰る前に一杯のコーヒーであたたまっていきたい。

A卓上には文房具が置かれていて、書き物や考え事をしたい時に使える。
B階段を見上げれば、ドアの向こうにある世界がほのかに輝くのが見える。

ゆっくりと熟成させた豆を使用したエイジングコーヒーとシナモンの香りが広がるアップルパイはセットでお得にいただける（1100円）。テーブルは古いものを修繕して使っており、タイルには店名にあやかった泡の模様が。

INFO.

東京都調布市仙川町1-13-9 2F　03-5313-4078　13:00〜19:00　土〜火（不定期変更あるためInstagram参照）
https://www.instagram.com/lecume_hibinoawa/　不可　京王線 仙川駅より徒歩4分

階段を少し下がって入るのがわくわくする。

路地にひっそり存在する
“自分の場所”

アンセーニュダングル

［原宿］

せわしない原宿駅から通りを抜け静かな路地を進むと、憩いの場所が現れる。フランス語で「角の看板」を意味する「アンセーニュダングル」は、その名の通り、通りの角にあるのだ。

丸太が斜めに張り巡らされているウッディな天井や優しく照らしてくれる間接照明。こだわりの空間に魅了され多くの喫茶店が影響を受けたと言われるこのお店は、昭和50年（１９７５）創業当初から変わらないフレンチスタイルを貫いている。カウンターや少し隠れたテーブル席など、好みや気分に合わせて席を選ぶことのできるのが嬉しい。そして驚いたことに、お客さんの誰もが居心地のよさを感じられるように、視線が合わない客席の配置や造りになっているのだ。その空間の心地よさは、ぜひ現地で実感してみてほしい。

喫茶の扉を開けると目に入ってくるコーヒーの道具やカップが並ぶ棚。デンマーク・ロイヤルコペンハーゲンのものを中心に、一級品を集める。

「ちょうどよい距離感」が計算され尽くした客席。居心地のよさはインテリアだけでも決まらないのだ。

A コーヒーはネルドリップで丁寧に。カウンターに座って、香りを嗅ぎながらずっと眺めていたくなる。

B 「ガトー・フロマージュ」（570円）は、クラシックなチーズケーキで、唯一のスイーツメニュー。チーズのコクがコーヒーとよく合う。

C 冷たいコーヒーにクリームを浮かべてブランデーで香りづけした「琥珀の女王」（950円）。冷たい内に、かきまぜず召し上がれ。

INFO.

東京都渋谷区千駄ヶ谷3-61-11第二駒信ビルB1F
03-3405-4482　10:00～21:00（L.O.20:30）
年末年始　なし
平日のみ可（TEL）　JR原宿駅竹下口より徒歩5分

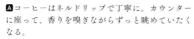

A チーズたっぷりのパスタ。「ランチパスタ」(900円)は週替わり。
B ミルクたっぷりの「ホットカフェラテ」(550円)で食後の一息を。
C 大小様々なランプに照らされたノスタルジックなアンティークたち。

A

B

C

装飾も落ち着いていてほっとする。近くには4人でもゆったり座れるテーブル席がある。

至福の時間は穴場にある

ロジェカフェ

[恵比寿]

ひっそりとした路地裏を歩くと、階段に置かれたメニューの看板にふと気付くだろう。おや、と思い見上げれば、騒がしい恵比寿の街とは対照的にひっそりと「ロジェカフェ」はある。ドアを開けると、ノスタルジックなランプの優しい光とアンティークの家具。昼は大きな窓から光が入り、また違った雰囲気を味わえるカフェだ。フレンチビストロカフェなのでランチもカフェもアラカルトも豊富で、夜はバーとしてお酒も提供される。心もおなかも満たされる、そんな時間を約束できる店だ。

INFO.

東京都渋谷区恵比寿1-7-3第一協栄ビル2F
03-3445-1700
12:00〜23:0(L.O.22:00)
なし　なし　可(TEL)
JR 恵比寿駅西口より徒歩5分

至福の時間は穴場にある

neel《ニール》

［原宿］

明治神宮前、原宿、北参道のちょうど真ん中あたり。ちょっと駅から歩いた閑静な住宅街の中にあるカフェ「neel」。

カウンターで注文をした後に奥の階段を上ると、屋根裏のような木のぬくもりを感じる空間が広がっている。瓶やオブジェなどがまわりに飾られており、オフホワイトベースの壁紙と深めのブラウンの小物たちとのコントラストが素敵。席は、2階席の他にも1階の店内席や外のテーブル席もあるため、あたたかい日は外の風を感じながら楽しむこともできそうだ。

A「ニールのカツサンド クラシック」（1250円）は、ヒレ肉、タプナード、アボカドとオリジナルソースがはさまった人気の一品。
B お皿いっぱいに広がる扇形の「シュガーバタークレープ」（610円）は大人向けのシンプルなクレープだ。お好みで生クリームやシナモンなどのカスタムもできる。

絵本のようなタッチの洋梨のロゴがかわいい。

屋根裏のような安心感を覚えながらも、窓から自然光が差し込む。シャビーシックな木製家具はどこか懐かしい。

INFO.

東京都渋谷区神宮前2-19-2　03-6885-9157　10:00〜20:30（L.O.20:00）　不定休　https://neel.coffee/
不可　JR 原宿駅、東京メトロ 明治神宮前駅エレベータ出口、副都心線 北参道駅２出口より徒歩10分

ちゃぶ台を囲んで語りたい

Chabudai

［川越］

川越の歴史と浪漫に、何故か人は憧れてしまう。築100年以上の日本家屋をリノベーションした「Chabudai」は、本川越駅から13分ほど歩いたところに位置しており、道中小江戸・川越の街並みを楽しむことができる。川越という街を楽しみたい人にはぴったりの喫茶だ。ラウンジやギャラリー、ゲストハウスもあるため、観光客や地元の人がここでちゃぶ台を囲んでつながる、そんなあたたかな雰囲気が流れる。天気がよい日はテラス席で過ごすのもおすすめだ。

INFO.

埼玉県川越市三久保町1-14　049-214-1617
［月・木～金］11:00～16:00、［土日・祝］11:00～17:00
火・水　https://chabudai-kawagoe.com/
一部可（TEL）　西武新宿線 本川越駅東口より徒歩13分、東武東上線 川越市駅より徒歩15分

A

B

C

A「メープルナッツスコーン」（320円）など、メニューはいずれも川越近隣のゆかりの材料を使っている。
B本の販売や交換、貸し出しを一角で行っている。
Cちゃぶ台のような丸い木の看板が目印。実は裏側にはちゃんと脚がついており、小さなちゃぶ台となっている。

木造の深いブラウンと、川のようなブルーのタイルとのコントラストがレトロでかわいい。

緑に隠された秘密の部屋
cafe kaeru

［鎌倉］

観光名所・鎌倉でありながら、1本入った道は静か。さらに緑に隠された庭を抜けると、「cafe kaeru」はある。お店の名前は、オーナーが昔から集めていたカエルコレクションが由来で、店内には本や小物などカエルにちなんだアイテムがたくさん。カエル好きにはたまらないだろう。

　大きな窓から差し込む光が気持ちよく、まるで温室のようにうららかな空気。そこからグリーンに彩られた庭を眺めていると、時間を忘れてしまいそうになる。食事もできるので、古刹巡りの合間のランチにもいい。


Aおうちのような心地よい店内。本を読んだりお庭の緑に癒されたり思い思いの時間を楽しめそうだ。

B緑豊かなナチュラルガーデン。テラス席は犬の同伴が可能。

C「焼きたてアップルパイ バニラアイスのせ」（800円）。パリッとした生地とひんやりアイスは相性抜群。

D北鎌倉の石かわ珈琲焙煎豆を使用した「kaeruブレンド」（500円）は軽い酸味と爽やかな味わい。

INFO.
神奈川県鎌倉市二階堂936
0467-23-1485　11:00～17:00（L.O.16:30）
水・木・不定休
https://cafekaeru.com/　不可
JR 鎌倉駅東口より徒歩22分、京急バス「天神前」下車徒歩３分

平日でも多くの人で賑わう店内。看板猫に会いに来る学生さんや仕事の癒しを求めて通うサラリーマン、長年通う常連客など幅広い層から人気がある。

店先に置いてあるナポリタンにがっつく猫の置物、「ニャポリタン」。これを見ると無性にナポリタンが食べたくなる。

猫と一緒に過ごす
くつろぎの空間

カフェアルル

［新宿］

新宿5丁目の路地裏にある「カフェアルル」は、創業昭和53年（1978）と古く、歴史ある新宿の老舗喫茶店のひとつである。店内はオーナーの趣味であるフランス骨董、絵画などの美術品がずらり。さらにたくさんのピエロのオブジェやマリオネットが飾られており、少しアンダーでレトロな世界観を醸し出している。お客さんは休憩、友人との語らい、ちょっと一服、などなど思い思いの時間を過ごす自由な空間だ。

　さらにここは、看板猫の存在でも有名。看板猫の次郎長＆石松は元は保護猫で、自由気ままに店内を歩く彼らを見ているだけで癒される。ネオン輝く新宿の街とはかけ離れた、ゆっくりとした時間の流れ。仕事の合間に、美味しいランチ＆コーヒーを楽しんで猫たちと戯れたい。

A看板猫の石松。とても人懐っこい性格でちゃっかりお客さんの膝に座り込むこともあるとか。
B店内の３箇所に配置されたウォータードリッパーで淹れたアイスコーヒー。豆はキャラバンで、１日一杯飲めば満足するほどしっかりとしたお味。
C店内のあちこちに飾られているピエロのオブジェ。店主の人を楽しませたり励ましたりしたい性格から自然と集まるという。

INFO.

東京都新宿区新宿5-10-8 1F　03-3356-0003
11:30〜21:00（L.O.20:30）　日
なし　不可
東京メトロ新宿三丁目駅C7出口より徒歩６分、
東京メトロ丸ノ内線新宿御苑前駅１出口より徒歩７分、
東京メトロ副都心線 東新宿駅A3出口より徒歩９分

インド風オムライスの「インドオムラ」（820円）。カレー味のピラフを薄焼きの卵で包み、特製のカレーをたっぷりとかけた人気メニュー。

甘さ控えめのしっとりとしたシフォンケーキにアイスクリームのバラがのった「びあん香ケーキ」（600円）。

緑に隠された「びあん香」の看板を見逃すな！

半地下に潜れば そこは秘密基地

びあん香《か》

［西荻窪］

物語に出てくる秘密の庭園のように、蔦の葉が入り口に生い茂る「びあん香」は、半地下にある喫茶店だ。階段を数段降りて中に入るため、隠れ家を見つけたようなわくわくとした気分になれる。

駅前で多くの人が行き交うお店の外とは裏腹に、店内はテーブル席が3つとカウンターの4席の小さな空間で、それ故に落ち着いた雰囲気が嬉しい。窓辺やテーブルにも植物が飾られており、何かに追われる日々を過ごす人の心も休まるだろう。名物の白バラアイスは、美しいうちに食べるのがおすすめだ。

INFO.

東京都杉並区西荻北2-3-1
03-3394-4584
11:00～19:00
不定休　なし
不可
JR 西荻窪駅北口より徒歩2分

川沿いに流れる時間は、どこか穏やか

Huit《ユイット》

［中目黒］

川沿いの風景というものは、どうしてこんなにも人の心をくすぐるのか。「Huit」は、目黒川沿いに佇むフランスのビストロ感溢れるカフェだ。

高い天井とオレンジの照明が、開放感と落ち着きを演出。窓から差し込む光でほのぼのした気分になり、ちょっとした旅行のよう。春には桜が見えるのも楽しみだ。カフェやスイーツも人気だが、手の込んだ食事もおすすめ。ふと目をやれば、窓の外は目黒川の木々の緑や木漏れ日が美しい。そんな、都内では珍しい景色を楽しむのもまたいい。

INFO.

東京都目黒区中目黒1-10-23リバーサイドテラス1Ｆ
03-3760-8898　［日～木］12:00～22:00（L.O.21:30）、［金・土・祝前日］12:00～23:00（L.O.22:30）
※16:00～18:00はカフェ営業のみ　年末年始
https://www.instagram.com/huit_nakameguro/
可（TEL・公式HP）　東急東横線・東京メトロ日比谷線 中目黒駅正面口より徒歩５分、JR・東京メトロ日比谷線 恵比寿駅５出口より徒歩13分

Aレトロでクラシックな雰囲気で、広々とした店内。ヨーロッパの街カフェのよう。
B普段歩いている目黒川沿いから階段で少し上がることで、より開放感のある景色を楽しむことができる。
Cハンドドリップで丁寧に淹れたコーヒー。よい香りが店内に漂う。

目黒川を眺めながらコーヒーをゆっくりと味わう、贅沢な時間。

脇道に佇む、
ドアの光に誘われて

ぐすたふ珈琲

［江古田］

江古田駅から歩くこと5分。住宅街の脇道に入ると、そっと隠されているような扉が現れる。「ぐすたふ珈琲」だ。入り口を開けると最初に目に飛び込む長いカウンターテーブルとベルベットの真っ赤な椅子は、お店のトレードマーク。

店主のこだわりは、なんと言っても深煎りのコーヒーだ。スペシャルティコーヒーが持つ苦さや香ばしさを十分に引き出す

元々はスナックだった場所を改装。奥行きのある店内にふわふわファーの壁が居心地のいい雰囲気をつくる。80年代の建物の雰囲気が演出される。

A 自家焙煎で深煎り。丁寧にネルドリップで淹れた深いコーヒーを味わえる。
B 「カフェ・メランジェ」(900円)という生クリームをたっぷり使用したウインナーコーヒー。フランボワーズのトッピングが酸味を引き立たせいいアクセントに。
C ウッディな扉と看板が目印。
D 味に集中してもらうために、あえて模様のない純白のカップ。その分、形に面白味を求めて独特なものを1つ1つ探している。

ために、自家焙煎で深煎りした豆を使っている。エチオピアナチュラルとウォッシュド、ブラジル、コロンビア、インドネシア、マンデリンなど様々な豆の瓶と、かわいい小物たち、大きな焙煎機に囲まれたカウンターに座りながらコーヒーを楽しむのもいいし、奥のテーブル席で静かに読書をするのもいい。秘密基地のようにのんびり自分の時間を過ごそう。

INFO.

東京都練馬区旭丘1-56-13マンション軽井沢103
03-3951-5511
10:00〜18:00(L.O.17:30) 水
https://www.instagram.com/gustavkaffee/
可(TEL)
西武池袋線 江古田駅南口より徒歩5分

ハーフカーテンから差し込む光が心地よい。創立当初からある名物のバナナブレッドケーキ（600円）は、バナナの風味がしっかりとしており、ブレンドコーヒー（500円）と合わせていただくのがおすすめ。

小さな洋館で知る 米国文化

TEA ROOM BURTON

［東林間］

飛行機に乗らなくても、アメリカ文化を味わうことができるカフェがある。東林間駅すぐそばにある白い壁の美しいカフェ、「TEA ROOM BURTON」だ。

アメリカ軍施設の多い相模原市で生まれ育ったオーナーが、少年期に見た「フェンスの向こうにある米軍基地内の邸宅」に憧れたことから生まれた。広い部屋にゆったりと机が置かれ、穏やかな空気が流れている。アンティーク家具や雑貨が生活感を持って並び、アメリカで友人の家に招待されたかのような気分になれる。

A 角側の4人掛けの重厚なダイニングテーブル。
B 白亜のコロニアル風様式の建築物。

INFO.

神奈川県相模原市南区東林間5-2-4
042-748-8869　10:30～18:30（L.O.18:00）
水　https://www.facebook.com/profile.php?id=100063740072921
不可　小田急江ノ島線 東林間駅西口より徒歩１分

ここは終わらない
旅の拠点

旅する喫茶

［高円寺］

この不思議な店名は、日本全国を旅してまわり、地元食材でクリームソーダとカレーを提供するプロジェクトが由縁だ。

　スパイスの程よい香りが包み込むダークウッド調の店内で楽しむことのできるのは、職人が手がけるクリームソーダ。味もさることながら、圧倒的な造形美と美しいグラデーションカラーに魅了される。旅を通じて出会った食材で作る、時期限定メニューもある。まだ知らなかった日本の味を、旅するように探りにいくのもいいかもしれない。

A

B

C

A看板メニューはクリームソーダとカレー。カレー職人の店主が材料に合わせてこだわり抜いたカレーは絶品。席は自分の世界に入り込めるテーブル席と横並びのカウンター席がある。
Bクリームソーダは、定番なものから雨の日だけ味わえる限定のメニューなどもある。SNSをチェックしよう。
C路地裏に佇む扉は、非日常への入り口のよう。旅をする時のわくわく感に似ている。

INFO.

東京都杉並区高円寺南4-25-13 2F　なし　12:00～20:00（夜喫茶営業日のみ～24:00、L.O.は閉店30分前）
月　https://tabisurukissa.com/　休日のみ当日web整理券あり（公式HP）　JR 高円寺駅南口より徒歩２分

地下の「coin」。店内では定期的に食器、雑貨、オリジナル家具が並び、購入することができる。大きなテーブルは、宮大工が手掛けた和洋折衷の洋家具だ。

1階は「Bakery bank」で、天然酵母のパンが楽しめる。

階段を下りれば、秘密の地下空間

Coffeebar & Shop coin

［日本橋］

オフィス街のイメージが強い日本橋兜町に、ロマン溢れる食の新天地が現れた。ベーカリー、ビストロ、コーヒーバー、インテリアショップ、フラワーショップが1つになった複合施設、「BANK」だ。

銀行だった建物をリノベーションした内装は、古材やむき出しのコンクリート、レンガなどの素材を使うことで、質感とあたたかみが共存している。地下にあるコーヒーバー「coin」は、薄暗い秘密基地のような雰囲気にほのかな照明やキャンドルが灯り、部屋に合わせたアンティーク家具が大人の時間を演出する。休日はベーカリー、ビストロで朝昼を取り、コーヒーバーでお茶をして。平日は仕事帰りに寄り道をして、疲れを癒してから帰る。夜にはバータイムでお酒をたしなむのもいい。

Aフラワーデザイナーの細川萌氏が手がけるフローラルデザインショップ「Flowers fête」がバー内にある。実は銀行時代に金庫だった場所だ。休日にはワークショップも行われる。
Bコーヒーは浅煎りで、オリジナルcoinブレンドはバランスよく飲みやすい。浅煎りの酸味が苦手、という人の入り口にしてほしいという。
C入り口横には、樹齢100年のオリーブの木。木漏れ日が美しい。

たっぷりのドライフルーツでずっしり食べ応えがあるキャロットケーキ（800円）。スパイスも利いていて甘さ控えめ。

INFO.

東京都中央区日本橋兜町6-7 B1F　050-3635-0836　11:00〜21:30（L.O.21:00）　火・水
https://www.instagram.com/coin_cf.sp_tokyo/　不可
東京メトロ 茅場町駅11出口より徒歩１分、東京メトロ・都営浅草線 日本橋駅D2出口より徒歩３分

喫茶店が楽しくなるうんちく

磁器と陶器編

アンセーニュダングルの磁器のカップ。装飾が美しい。

Huitでは陶器のカップ。厚手で冷めにくいのが嬉しい。

皆さん、「陶器」と「磁器」という言葉を一度は耳にしたことがあるでしょう。いわゆる「焼き物」の中で現代の食器によく使われるものをいうのですが、これらの違いってなんだかわかるでしょうか？

原材料や焼く時の温度、吸水性など様々あるのですが、理解できるまでちょっと時間がかかりそう。なので簡単に、2つを見分ける3つの方法をお伝えできればと思います。

見分け方 その1

【光にかざして見てみよう】

陶器は一般的に厚手につくられているものが多いので光にかざしても光を通さず、向こうが透けて見えることはありません。一方、磁器は薄くつくられているので底や持ち手が透けて見えます。

見分け方 その2

【器の底を触ってみよう】

陶器も磁器も釉薬《ゆうやく》をかけてつくられますが、食器をテーブルに置いた時に接する部分には釉薬がかけられていません。なのでそこを触った時にザラザラしていたら原料が粘土（＝陶土と呼ばれる）である陶器。ツルツルしていたら粘土を使っていない磁器ということが分かります。

見分け方 その3

【爪ではじいて音を聴こう】

陶器は陶土が主な原材料なので爪ではじくとコンッと低く鈍い音がしますが、ガラス素材を多く含む磁器はキンッと高い音が響きます。

自分のお気に入りのカップが磁器なのか陶器なのか気になったら、答え合わせもいいかもしれませんね。その際、お店の食器は丁寧に取り扱い、十分にお気を付けください。

CHAPTER
4

喫茶×○○で特別な体験を

コーヒーや軽食を楽しむだけじゃない、
ここだけの特別な体験をさせてくれる喫茶店を選りすぐった。
それはプラネタリウムやコーヒー工場を併設した店だったり、
活版印刷を体験できる店だったりと様々。
唯一無二の体験を楽しもう。

天井に映し出される神秘的なプロジェクションマッピング。満天の星やオーローラ、花火などの映像を4K画質で楽しめる。

プラネタリウムの星空の下で

and people ginza

［銀座］

歴史ある街、銀座。そんな街中で昼間から満天の星やロマンチックな光を楽しめる空間があることはご存じだろうか？

見た目は普通のビルだが、中では幻想的な空間が目の前に広がる。「and people ginza」は、古きよき時代のヨーロッパの廃墟がコンセプトだ。オーナーが自ら手がけた店内は、美しいテーブルのタイルや手塗りの壁、天井から吊るされた電球などこだわり尽くされた内装で、唯一無二の世界観をつくる。

見上げればびっくり。階段を下りてすぐのフロアでは、投影機によって満天の星やステンドグラス、オーロラなどが天井に映し出される。大都会とは思えないほどロマンチックな時間だ。歩くことに疲れたら、この店で空を見上げながらゆったりと過ごしてはどうだろうか。

ソファー席がメインの寛げる空間。仄暗い内観を照らす暖色の電球は形や大きさも様々。

Ⓐ季節ごとのオリジナルカクテルなど、ドリンクの種類も豊富。ノンアルコールカクテルもあり、「スノーローズヒップ」はほんのりとした酸味が美味しい（790円）。

Ⓑ生クリームとフランス産のクリームチーズを使ったこだわりの「チーズケーキ」（840円）。

Ⓒオーナーの手作りのフォトスペースで記念に1枚いかが？

INFO.

東京都中央区銀座6-5-15 銀座能楽堂飯島ビル9F　03-3573-8440

12:00〜23:00（フードL.O.21:50、ドリンクL.O.22:20）　不定休

https://www.andpeople.co.jp/ginza_concept.html　可（TEL・公式HP）

東京メトロ 銀座駅C3出口より徒歩4分、JR・東京メトロ 有楽町駅銀座口より徒歩7分、東京メトロ・都営三田線 日比谷駅C3出口より徒歩8分

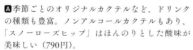

華やかで高級感のある内装。座席の後ろにあるのがガラスパネル「彫像と葡萄」（ルネ・ラリック作）だ。

箱根山中で乗るオリエント急行

Orient Express

（箱根ラリック美術館）

［箱根］

映画や小説で誰もが一度は耳にしたことがあるだろう、多くの人々を魅了した長距離夜行列車「オリエント急行」。そんな歴史ある列車に乗りながら優雅なティータイムを楽しむことができるのが、箱根ラリック美術館のレストラン内にある列車内カフェ「Orient Express」だ。

この車体は平成13年（2001）までオリエント急行の路線を走っていた実際の車両。フランスのジュエリー・ガラス工芸家であるルネ・ラリックの作品を中心に展示する同美術館が、ラリックが室内装飾を手掛けたこの車両を引き取ったのだ。

乗車すると、ラリック作のガラスパネル「彫像と葡萄」（1928年制作）を間近に見られる。光を受けたガラスがキラキラと輝く様に心奪われつつ、カップを片手に旅気分だ。

A豪華な布張りの椅子。列車の中で組み立てて設置しており、中に藁が入っている。優しい座り心地。
Bドリンクと季節によって変わるスイーツのティーセット（2200円）。

1929年からパリとフランス南部を結ぶ「コート・ダジュール特急」として活躍した後、オリエント急行の路線へ。今は美術館併設のレストランの正面玄関すぐそばに特別展示されている。

INFO.

神奈川県足柄下郡箱根町仙石原186-1　0460-84-2262　公式HPにて確認　第3木曜（8月は無休）
https://www.lalique-museum.com　不可（当日、現地にて先着順に予約受付）
JR・小田急小田原線小田原駅・箱根登山鉄道 箱根湯本駅より箱根登山バス「仙石案内所前」下車すぐ
※電話番号、時間などは美術館ではなくOrient Expressの情報になります。

活版印刷で味わう
レトロな時間

レタープレスレターズ

［代々木八幡］

デジタル印刷のこの時代、昔懐かしいヴィンテージ印刷機を使った活版印刷ができるカフェがある。「レタープレスレターズ」だ。

レタープレス作品を一般の人にも実際に手にとって触れてもらえる場所を目指して、オープンした。そのためか、壁は一面本棚とペーパープロダクトで囲まれており、活版印刷を扱うワークショップなども開催されている。活字を並べて、インクをつけ、圧をかける。シンプルで手間がかかる技法だからこそ、デジタル主流の今の世界で、新しさを感じさせる。

作品に囲まれながらシングルオリジンのコーヒーと焼き菓子を楽しみつつ、気さくな店主と話していたい。かっこいい雰囲気なのに、気取らない、そんな気兼ねなく通えるお店だ。

1960年代につくられた、ヴィンテージのレタープレス機と木版が現役で使われている。

元々はデザイン事務所の社員食堂であったとか。納得できるシンプルな美しさだ。

A「キャロットケーキ」（500円）などのスイーツは、活版印刷ブランドのディレクターの手づくり。日替わりランチも大人気だ。
B英国やアメリカ、イタリアなどで使われていた木製アルファベット活字。140書体以上あるので、ぜひ見て確認してみて（スタジオ見学要予約）。
Cたくさんの活版印刷グッズが並ぶ。

INFO.

東京都渋谷区富ヶ谷2-20-2　03-6407-0015
8：00～17：00（L.O.17：00）
日～火・祝（instagram要確認）
https://www.letterpressletters.com/　可
東京メトロ千代田線 代々木公園駅 1 出口より徒歩10分、
小田急小田原線 代々木八幡駅 2 出口より徒歩11分

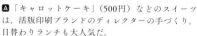

既存資源を活用しながらリノベーションされた統一感のある店内。

古民家でレトロなぬくもりに包まれる

HAGISO

［谷中］

谷中にある「HAGISO」は、かつて谷中で学生のシェアハウスとして使われていた「萩荘」を改修した文化複合施設だ。東日本大震災を機に解体される予定だったところを、当時住んでいた学生たちが建物全体を作品空間にする「ハギエンナーレ」を開催し、改めて地域の中での魅力的な空間の在り方が見直された。オーナーはその学生のひとり。カフェやギャラリー、レンタルスペースに様々な人が集まり、楽しむ、「ここにしかない場所」ができた。

そんな文化の寄合所なので、カフェのメニューもこだわり尽くされている。地域の八百屋、肉屋、魚屋から仕入れた食材を使ったメニューや、自家製のケーキなど、どれを頼んでも間違いがない。何度も足を運びたくなる、人と文化の集まる場所だ。

A窓から差し込む木漏れ日と、緑の壁色がウッドテーブルと馴染む。

Bオープン当初から定番の「ラム漬け無花果のチーズケーキ」(670円)。濃厚なチーズのなめらかさとラム酒漬けされた無花果の食感がたまらない。

C「季節のマフィン」(490円～)は、手作りの甘味が優しい。コーヒーと合わせていただこう。

D元々アパートであったの名残がある「萩荘」の看板。入り口に飾られていて、どこか懐かしい。

E改修された今でも、至る所で当時の時代の面影を残すようだ。

INFO.

東京都台東区谷中 3-10-25　03-5832-9808
［モーニング］8:00～10:30(L.O.10:00)
［ランチ/カフェ/ディナー］12:00～20:00(フードL.O.19:00、ドリンクL.O.19:30)
不定休　https://hagiso.jp/　可(公式HP)
JR・京成電鉄・舎人ライナー 日暮里駅西口、東京メトロ千代田線 千駄木駅２番出口より徒歩５分

生産者と手紙でつながる

TAYORI

［谷中］

賑やかな谷中銀座商店街を抜けた細い路地。お客さんと全国の生産者さんが手紙＝便りを交わすように繋がる場所、カフェ「TAYORI」はここにある。

国産の食材でつくるお惣菜や定食、カフェメニューはどれも絶品。店内の「食の郵便やさん」コーナーでは生産者さん直筆の手紙を読み、自分が食べた感想も手紙で届けることができる。食べる時にも思わず生産者さんの手紙が思い浮かぶだろう。食を通して人と人の繋がる輪ができる、そんな素敵な場所だ。

A

B

C

D

A生産者さんからの手紙を読んだら、ぜひ返事を書いてみよう。
B郵便コーナーの看板。
C旬の食材を使った週替わり定食（1500円）。他にもたくさんの定食がある。
D天井が高く開放感ある古民家風の店内には、手紙をモチーフにした小物がちりばめられている。

INFO.

東京都台東区谷中3-12-4　03-5834-7026
［水～土］12:00～20:00（L.O.19:00）、［日・祝］12:00～18:00（L.O.17:00）　月・火
https://tayori.info/　可（公式HP）
東京メトロ千代田線 千駄木駅2番出口より徒歩５分、JR・京成電鉄・舎人ライナー 日暮里駅北口より徒歩６分

地元食材と喫茶の美味しいコラボ

茶屋町カフェ

［大磯］

ほのかに感じる、潮の香り。少し歩けば目の前には大海原が広がっている海の街、大磯にある「茶屋町カフェ」。

ここは、駅近くの路地に建つ賑やかなコミュニティカフェだ。古民家を改修した建物はどこか懐かしい気持ちになるだろう。地元の素材を使い、軽食から定食まで幅広いメニューを展開しており、夜はバーとしても楽しむこともできる。旅行で来た人たちも地元の人たちも足を運ぶコミュニティスペースなので、訪れた際には席で話に花を咲かせたい。

A 小さくて売りには出されない鯖でつくられた「大磯早ずし」（130円）。
B「手作り焼きプリン」（400円）は硬めのしっかり食感で美味しい。
C お土産に大人気な、地元レモンの皮も果汁も使用したアイシングクッキー「茶屋町カフェの湘南レモンクッキー」（８枚入り1400円）。

INFO.

神奈川県中郡大磯町大磯1156-10　なし
［月～水］11:00～18:30（L.O.17:30）、［木～金］11:00～21:00、［土］11:00～22:00、［日］11:00～20:00　無休
https://www.instagram.com/chayamachi_cafe/
可（Instagram・Facebookのメッセージ）
JR 大磯駅より徒歩２分

元はお風呂場だった場所をそのまま活かしたギャラリーで、ギャラリーがない日は客席としても使える。

美しい青い壁が
あなたを迎える

喫茶ニカイ

［谷中］

1階にある、器を中心に生活を彩るアイテムをセレクトした器屋「kokonn」。喫茶のお皿もここのものが使われている。

「喫茶ニカイ」は、谷中の下町感溢れる古民家をリノベーションしたカフェだ。1階は陶器など販売をしている器屋さん「kokonn」があり、喫茶は2階に位置しているため、まさに「ニカイ」なのだと分かると、なんだか笑みがこぼれる。

古きよきレコードが流れ、ステンドグラスや古道具も配され昭和な雰囲気もありながら、ブルーの壁に無数の額縁がずらりと並び、物語の世界に迷い込んだような空間が広がっている。まさにレトロモダンなネオ喫茶なのである。

谷中をぶらりと散歩した後に、ぜひここで美しいクリームソーダをいただきたい。そうしたら、不思議さと美しさと下町のよさがミックスされたこの空間で、日々の疲れも吹き飛んでしまうだろうから。

ブルーの壁に無数の額縁がずらりと並ぶ。フォトジェニックなこの場所で写真を撮らないお客さんはいない。

名物メニューの「ニカイのクリームソーダ」(715円)。カフェのテーマカラーのブルーのソーダにフランス産のヨーグルトアイスとブルーベリーソースがのっている。旗もかわいらしい。

Aステンドグラス専門店「nido（ニド）」のアイテムで、各テーブルのキャンドルホルダーは特注品。
B店内に配されたフィルムカメラ。飾りの小物も浪漫たっぷりだ。

INFO.

東京都台東区谷中6-3-8 2F　03-5834-2922　11:00〜18:00（フードL.O.17:00、ドリンクL.O.17:30）　水
https://www.instagram.com/kissa.nikai/　可（Instagram・TEL）
JR・京成電鉄・舎人ライナー 日暮里駅南口より徒歩７分

そのまま残る銭湯の面影。築90年を超える木造建築は貴重。

約90年続いた銭湯が
生まれ変わった

レボン快《かい》哉《さい》湯《ゆ》

［入谷］

「レボン快哉湯」は、昭和3年（1928）創業の銭湯「快哉湯」をリノベーションして生まれたカフェだ。

コンセプトは「記憶をつなぐカフェ」。「レボン」は再生を意味する「reborn」に由来しており、その名の通り歴史ある銭湯の面影を大切に残したままカフェとして生まれ変わった。木札の下駄箱や体重計、銭湯の顔とも言える銭湯壁画などの内装や、人が集まって語り合う場所としての在り方はそのまま、人々の快哉湯との記憶はこのカフェで受け継がれていく。

名物である自家製アイスクリームは農園から直接仕入れた果物を使用しており、爽やかで自然な甘さがたまらない。下町の歴史を感じながら、お風呂に浸かるようにゆったりと心もあたたまりそうだ。

A昭和と令和のセンスがかけ合わさったような、懐かしくも新鮮さを醸し出す内観。
B建物の奥には、壁に描かれた富士山の銭湯壁画がそのまま残されている。
C脱衣所の振り子時計。針は止まってもなお飾られているところに、歴史の情緒を感じる。

INFO.

東京都台東区下谷2-17-11　03-5808-9044
10:00〜18:00　不定休
https://www.rebon.jp/
平日のみ可（TEL）　東京メトロ日比谷線 入谷駅４番出口より徒歩２分、JR・京浜東北線 鶯谷駅より徒歩９分

コーヒーとアイスクリームのマリアージュを楽しむ「Coffee & Ice Cream Mariage Plate ブルーベリー&雲南」（980円）。他にも３種の味がある。

春先は入り口に緑が生い茂り、木漏れ日が差し込む。

初めて見る
焙煎機の迫力

Factory & Labo 神《かん》乃《の》珈琲

［目黒］

A「フルーツサンド」(605円)、神乃珈琲のスペシャルティ珈琲を使用した「ブレンド～神煎～」(550円)を注文。
B全面に光が差し込むガラス張りの窓は、外からこのお店を見つける目印だ。

学芸大学駅から10分ほど歩き、目黒通りを進むと姿を現す、三角屋根でガラス張りの外観。「Factory&Labo 神乃珈琲」だ。

お店の名前に「Factory」とある通り、店舗の大部分を占めるのは2階まで突き抜ける大きな焙煎機。こんなに大きな工場で焙煎をしている姿を間近に見られるのはここだけかもしれない。機械の大きさとは裏腹に、焙煎した豆を一杯のコーヒーに仕立てていく様は繊細だ。

2階には、太陽の光が差し込む大きな窓とスペースが広がっている。工場を思わせるようなスチールの無骨感がありつつ、ウッディでモダンな室内は、心地よくコーヒーを楽しむためデザインされた。ここはまさに、焙煎工場からおもてなしの空間まで全身で楽しめる、コーヒーのためのお店なのだ。

店内中央に佇む、自家焙煎の機械。店主がエンジニアと設計した機械で、日本人のためのコーヒーを追求している。

INFO.

東京都目黒区中央町1-4-14　03-6451-2823　9:00～20:00(L.O.19:30)
なし　https://kannocoffee.com/　不可
東急東横線 学芸大学駅東口より徒歩10分

太宰文学を片手にコーヒーを

珈琲松井商店

［三鷹］

バスを降りると一見ただの住宅街。そんな通りに突然現れるのが「珈琲松井商店」だ。

　作家である太宰治ゆかりの場所が多くある街、三鷹。ここ連雀通り商店街は、まさにその地であり、この店の前身である酒・たばこ店にも彼はよくたばこを買いに訪れていたそう。その縁から、「Dazai COFFEE」という同氏をイメージしたブレンドのコーヒーが注文できる。

　コーヒー専門店ということもあり、生豆はグアテマラ、ブラジル、ペルー、タンザニアなど世界各国から取り揃えられ、店の焙煎機で焙煎される。目の前で焙煎を見られるのも嬉しい。

　木のぬくもりとアンティークの調度品に囲まれた店内はほっとできる、くつろぎの空間。文豪に想いを馳せながら、まったりとコーヒーを楽しもう。

建物の2階にあるので日当たりがとてもよく、吹き抜けの高い天井で広々とした空間。

A 元ケーキ屋さんのスタッフがつくる自家製の「レアチーズケーキ」とコーヒーまたは紅茶のセット（950円）。注文する飲み物によって陶器のカップと磁器のカップを変える店主のこだわり。
B 太宰治と縁があることもあり、窓辺にはずらりと本が並んでいる。
C 一杯ドリップタイプの「Dazai COFFEE」はお土産にぜひ（194円）。太宰作品をイメージし、ほろ苦く、優しい表情に甘さも漂わせるブレンド。
D 珍しく煮卵が載った「黒ビーフカレーライス」（1200円）。じっくりと時間をかけて煮込んだカレーと半熟とろとろの煮卵の組み合わせは忘れられない美味しさ。
E 店主がこだわり抜いた、大きな自動焙煎機。細かな時間や温度の調節ができ、むらなく焼き上げる。

INFO.

東京都三鷹市下連雀2-16-10 2F　0422-47-2303　11：00〜18：00（L.O.17：30）　日・水・木
https://dazaicoffee.mall.mitaka.ne.jp/　不可　JR 三鷹駅南口より徒歩17分、
京王・小田急バス「連雀通り商店街」下車すぐ

国産紅茶と味わう
静かな時間

サルトリイバラ喫茶室

［高円寺］

店内は落ち着いた雰囲気で、紅茶の味わいをより高めてくれるよう。「国産ラム酒と黒糖の熟成ケーキ」（660円）はどんな紅茶にも合う軽やかなラム酒の風味で、定番の一品。

高円寺の繁華街から少し外れたビルの、奥まった入口を上がると、「サルトリイバラ喫茶室」はある。こちらは「国産紅茶」を専門に扱う喫茶だ。

店主自ら日本全国の茶畑に足を運び選りすぐった紅茶が、常時30種類近くある。茶葉は一煎分ずつ個包装で販売もされていて、お土産にもよし。同じ作り手のものでも作られた年や収穫された季節によって香りも味も異なるので、何度訪れても飽きることはないだろう。店主が国産・無農薬の食材で作った食事やお菓子は、味もさることながら紅茶との相性も抜群だ。

紅茶の風味をじっくりと味わってほしいから会話は基本NG。その分静かに過ごしたい人にぴったりだ。ブリティッシュグリーンの空間に差し込む光の中で、ゆっくり紅茶と向き合いたい。

Ａ座席数が少なめなので、ゆったりとした空間が広がる。
Ｂ鈴木さんの「新城紅茶べにふうき1st手摘み」（990円）。紅茶は820円～。メニューの説明は通常版と短縮版があるが、ぜひ通常版を読んでどの紅茶を選ぶかじっくり考えてみて。
Ｃ「鶏おこわプレート」（1120円）はプラス330円で薬膳スープ付きにもできる。もてなしの気持ちを込めて、ハレの日の料理であるおこわを提供している。
Ｄ店名の「サルトリイバラ」は漢方薬としても利用される植物。国際薬膳調理師の資格を持つ店主が「お客様の体にいいものをご提供したい」と考えているこの店にふさわしい。

INFO.

東京都杉並区高円寺南3-46-2 2F　03-6383-2826
［月・木～土］12:00～20:00（L.O.19:20）、［日・祝］12:00～19:00（L.O.18:20）
火・水　http://www.sarutoriibara-kocha.net/　不可　JR高円寺駅南口より徒歩４分

小窓から差し込む光と優しく映し出される内観は落ち着きを感じさせる。

寺の中で
静寂を楽しむ

喫茶吉野

［鎌倉］

北鎌倉の東慶寺の入り口脇にある、趣深い瓦屋根の一軒家が「喫茶吉野」だ。昭和45年（1970）からこの場所で愛されてきた。瓦屋根とレンガ造りというモダンな佇まいは、北鎌倉在住の建築家・榛沢敏郎《はんざわとしろう》氏による設計。そのシックな佇まいと綺麗に手入れされた植え込みが、北鎌倉という美しく歴史ある街とリンクする。

戸を開けると、スタンドライトのほのかな明かりがレトロな店内を照らし、大きな窓からは光が入り込み、北鎌倉の静寂閑雅な空気を感じるようだ。

A窓際にある本とスタンドライト越しに緑を見ていると、まるでおばあちゃんの家に帰ってきたような懐かしい気分になる。
Bドライフルーツがたっぷり使用されている「フルーツケーキ」(500円)。「コーヒーに合う」をコンセプトに開発された、自慢の一品。
C創業から変わらずサイフォンで淹れるコーヒーは、濃くて渋め。昭和に喫茶店ブームが訪れた頃のコーヒーを思い出させる。

INFO.

神奈川県鎌倉市山ノ内1379　0467-24-9245
10:00～16:30（L.O.16:00）　不定休　なし
可（TEL）　JR北鎌倉駅表口より徒歩４分

CHAPTER
5

レトロ＆ノスタルジーに浸る

年齢を問わずなぜか「懐かしい」と思う、古きよき喫茶店。
昭和にタイムスリップしたかのような気持ちで
口にする王道レトロなクリームソーダやナポリタンは、
また別格の味わいではないだろうか。
その一方、時代に合わせて進化していく様もまた興味深い。

特徴的な角丸の大きな窓が並び、まるで新幹線の車窓のようだ。

まるで車窓？
かわいい窓に誘われて

喫茶ロマン

［高田馬場］

大阪万博にも関わったデザイナーとの縁があり、お店のロゴやインテリア、コースターなど小物類のデザインを担当している。

70年代のレトロ、それはゴージャスな内装とはまた違う、モダンな静かさ、美しさを秘めている。昭和44年（1969）創業の「喫茶ロマン」は、まさに70年代レトロを令和に残す貴重な喫茶だ。高田馬場駅すぐ近くの雑居ビルの中2階。新幹線の車窓を思わせる角丸の大きな窓がかわいらしく、レトロフューチャー感が漂う。

50年以上の歴史の中で、最初は白木だった壁が、経年劣化と繰り返し塗ったニスによって今の飴色の壁になったという。親子3世代で通うお客さんもいるそうで、お店の佇まいからもお客さんからも、長く愛されてきたその歴史が分かる。大きな窓から見える景色が変わっても、ここに流れる懐かしくあたたかい空気は、いつでも変わらず訪れた人を包み込んでくれる。

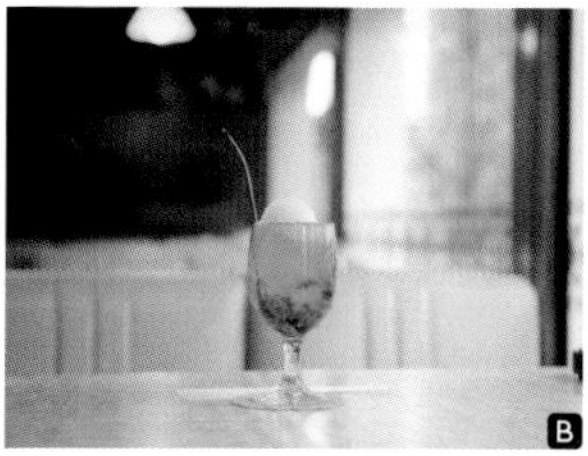

A カルボナーラからヒントを得て生まれた、開店当時からある人気看板メニュー「スパゲッティーロマン」（850円）。ナポリタンの上に生卵がのっている。新しくてどこか懐かしい味。

B これぞ喫茶店のメロンクリームソーダと言わんばかりのオーソドックスなフォルム。シンプルイズザベストな「クリームソーダ」（800円）。

C 窓を飾るラッピングシート。この絵柄も今では喫茶ロマンを象徴するようだ。

INFO.

東京都新宿区高田馬場2-18-11稲門ビルM2F　03-3209-5230　11:30～18:00（L.O.17:30）　なし

https://www.instagram.com/roman_19690907/　不可

JR・東京メトロ・西武新宿線 高田馬場駅早稲田口より徒歩１分

当時の学校では珍しかった食堂。すべてがシンメトリックに設計されているのがわかる。

美しい
幾何学模様の建築

自由学園明《みょう》日《にち》館《かん》

［池袋］

大正10年（1921）に女学校として建てられた「自由学園明日館」。帝国ホテル旧本館を設計したフランク・ロイド・ライト氏が手掛けたことでも知られる名建築だ。1980年代に老朽化のため解体の危機にあったが、使いながら保存する「動態保存」が日本で初めて認められ、重要文化財として当時の面影を今に伝えている。

建物の至る所に、木製の窓枠や桟が幾何学的なデザインで並べられており、その美しさに目が奪われるだろう。その中でも目を引く食堂の大きな窓。光が差し込み、ゆったりとした時間が流れる。当時の女学生たちの暮らしを思い浮かべながら飲むコーヒーはここだけでしか味わえない特別なものだ。ちなみに、喫茶は建物を見学する人のみが利用可能だそうだ。

A かつて礼拝に使われた部屋。幾何学模様を描いた窓からは春、夏、秋、冬と四季折々の景色が広がり、訪れる人の目を楽しませてくれる。
B ライト氏が同時期に手掛けた帝国ホテル旧本館と同じくシンメトリーな外観。

喫茶付見学（800円）を選ぶと、焼菓子とドリンク（コーヒーまたは紅茶）をいただくことができるのでおすすめ。見学のみは500円（中学生以下無料）だ。

INFO.

東京都豊島区西池袋2-31-3　03-3971-7535　10:00〜16:00（L.O.15:30）　月（祝日の場合翌火）、不定休
https://jiyu.jp/　不可　JR・東京メトロ・東武鉄道・西武鉄道 池袋駅メトロポリタン口より徒歩5分

手前小上がりのちゃぶ台席。古きよき昭和の時代を思い出させてくれる空間で、丸いちゃぶ台を囲みゆったりとくつろげる。

こたつでぬくぬく
お茶を一服

散ポタカフェ
のんびりや

［谷中］

店内上部に取り付けられたカーブミラー。何のためだろうか……？

まさに昭和というような、古きよき日本の街並みが残る谷中。そんな下町情緒が溢れる住宅街の一角に建つ「散ポタカフェのんびりや」では、冬にはなんとこたつで喫茶が楽しめる。店名の「散ポタ」は歩く「散歩」とバイクや自転車で気ままに走る「ポタリング」からつくった造語。人生の散歩の途中にふらっと寄って、のんびりと過ごしてもらいたいという願いが込められているのだ。

そんな願い通り、白黒テレビが鎮座する畳の居間や昔懐かしの土間のある店内は、田舎のおばあちゃんの家のようなのんびりとした雰囲気が漂う。こたつに入れば、もう完璧だろう。

店内に流れるアイリッシュミュージックを聞きながら、昼間は古民家カフェ、夜はバルとしてのんびりしたい。

人気No.1の「オムライス【黒】」(1200円)。黄色い卵の下に隠れたイカ墨のライス。見た目の衝撃とは裏腹に一度食べるとクセになる味わい。

A注文が入ってから焼き上げるお店自慢の「クレームブリュレ」(500円)。いろんな食器を合わせて使っていてとてもかわいらしい。
B築100年の町屋を改装したカフェ。店先にはバス停を模したお店の営業時間が書かれたパネルがある。

INFO.

東京都台東区谷中5-2-29　03-6879-5630　[月・火・金] 11:30〜15:00、18:00〜23:00、[土日・祝] 11:00〜23:00
水・木　https://nonbiriya.jp/　可（TEL・公式HP）
東京メトロ千代田線 千駄木駅1出口より徒歩6分、JR・京成電鉄・舎人ライナー 日暮里駅南口・東口より徒歩8分

店内入り口から奥まで続く、厚みがあって立派な一枚板のカウンターは必見。カウンター内にずらりと並ぶカップも美しい。どのカップで出されるかはお任せなので、お楽しみに。

輝きを放つ銅製のシュガーポットは、毎日絶やさず磨き続けた賜物。

木を基調にした
クラシック・レトロな世界

皇《こー》琲《ひー》亭《てい》

［池袋］

「皇琲亭」は賑やかな池袋の街の中にあるオアシスのような店だ。世界各地のコーヒー豆の焙煎、卸売りをする山下コーヒーが運営することもあり、コーヒーに対するこだわりも一等深い。

炭火焙煎をしたコーヒー豆を、一湯淹てで蒸らさずに淹れることで雑味をカット。抽出を短くしている分、通常の倍以上となる25gもの豆の量を贅沢に使用しているため、注文を受けてから丁寧に淹れた一杯を口に近づけると、芳醇な香りに圧倒される。それなのにすっきりと飲みやすいので、ブラックをホットでいただくのがおすすめだ。

クセのない風味で毎日飲み続けたくなる味は、創業以来お客さんの日常に寄り添い続けてきたこの店の在り方そのもの。絶品のスイーツをお供に、コーヒーの時間を楽しもう。

A

B

A「琥珀の女王」と呼ばれる「アンブル・ドゥ・レーヌ」（810円）。ドリップエキスの上に生クリームをフロートした極上の一杯。オリジナルでつくられた、創業当時から愛される定番メニュー。
B焙煎したコーヒー豆の販売もしており、自宅で楽しむこともできる。スタッフは皆コーヒーインストラクターの資格を持っているので、淹れ方のコツなども聞いてみて。

古材を使った、シックでレトロな店内。暗めに統一された色調で、落ち着く。

INFO.

東京都豊島区東池袋1-7-2 東駒ビル1F　03-3985-6395　11：00～22：30（L.O.22：00）　なし
https://twitter.com/coffeetei　不可
JR・東京メトロ・東武鉄道・西武鉄道　池袋駅29出口より徒歩１分

丸い窓からのぞく
懐かしい情景

喫茶
ジュリアン

［藤沢］

丸い窓と差し込む光がなんともノスタルジックなこの店は、昭和40年（1965）創業の「喫茶ジュリアン」だ。レンガ色の外観と大きな丸い窓、琥珀色のカーテンが、なんとも言えないレトロ感を演出。ドラマの登場人物になったような気分だ。

そしてインパクトのある2色のペアソーダ！ 子どもの頃に飲んだ、あの懐かしい味がよみがえるようだ。パフェやサンドイッチなどの定番メニューも楽しめて、懐かしい味に思わず心も涙腺もゆるむ。

A

B

C

A 人気の「ペアソーダ」（780円）。メロンソーダの上にはバニラアイス、イチゴソーダの上には生クリームが載っている。
B 窓側にある、昔懐かしい麻雀のゲームテーブル。今はもう動かないのがまたノスタルジックだ。
C 琥珀色の店内に大きな窓から光が差し込む。この窓側の席はいろいろな人のお気に入り。

INFO.

神奈川県藤沢市藤沢110　0466-22-7955　［月～金］10:00～18:00、［土］11:00～18:00
日・祝　なし　可（TEL）　JR・小田急線・江ノ島電鉄 藤沢駅北口より徒歩３分

A 大きな広間のステンドグラスは、世界遺産に登録されているロシアのエルミタージュ美術館の「大使の階段」をイメージしたもの。
B 濃厚なチョコレートの風味にたっぷりのクリームを載せた「古城特製アイスココア」(700円)と、上質なミルクをデザートのように楽しめる「ミルクセーキ」(700円)。
C 入り口から出迎えてくれる騎士が、異世界のわくわく感を感じさせてくれる。

シャンデリアと
ステンドグラスで
お城気分

喫茶古城

［上野］

昭和38年(1963)創業の「喫茶古城」は、喫茶店発祥の地と呼ばれる上野で今なお営業を続ける老舗だ。緑豊かな公園や美術館、動物園に近いため、散策の合間に立ち寄りたくなる。

大きな騎士が描かれたステンドグラスに出迎えられると、中にはシャンデリアとさらに大きなステンドグラスが輝き、ヨーロッパの高貴な宮殿のような空間が待ち構えている。まるで美術館にきたような感覚で、やわらかくてゆったりとしたソファー席に座ってくつろげる、憩いの場所だ。

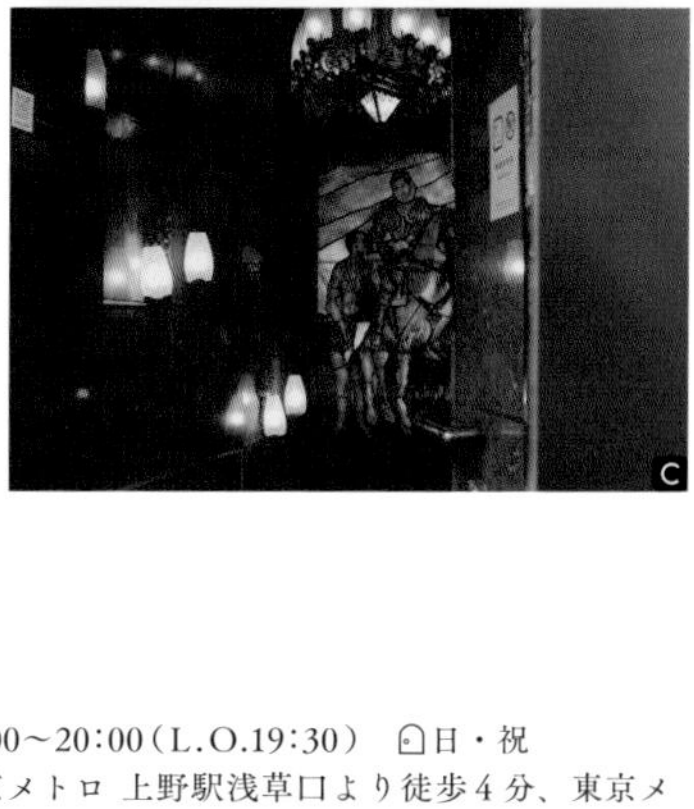

INFO.

東京都台東区東上野3-39-10 光和ビルB1F　03-3832-5675　9:00～20:00(L.O.19:30)　日・祝
https://www.instagram.com/kojyo_kyoko/　不可　JR・東京メトロ 上野駅浅草口より徒歩4分、東京メトロ 上野駅1番出口より徒歩2分、京成本線 京成上野駅正面口より徒歩7分

喫茶の定番「ナポリタン」(980円)。ソフト麺のようなもちもちの太麺で、甘めのケチャップソースとよく絡む。

“不純”に王道な
レトロ喫茶

不純喫茶
ドープ

［中野］

「サブカルチャーの聖地」と呼ばれる中野ブロードウェイを抜けた先に「不純喫茶ドープ」はある。

　歴史を感じるレトロさだが、実はオープンしたのは令和2年（2020）！　30年以上前からある喫茶店を引き継ぎ、壁や家具、小物類など極力そのまま残すことで、古きよき時代を令和に伝えるお店なのだ。

　店名にある「不純喫茶」とは、本来酒を提供しない店の意味である「純喫茶」の定番メニューに、酒を入れて提供することを意味したネーミング。ネオンが光る店内と名前の不思議な怪しさにドキドキするのではないだろうか。昔の喫茶店を知る世代には懐かしく、若い世代には新鮮に感じられる、そんなネオレトロ喫茶だ。

A

B

C

INFO.

東京都中野区新井1-9-3 グレースヒルTMY2F　なし
12:00〜21:00（フードL.O.20:00、ドリンクL.O.20:30）
なし　https://tokyogyozac.official.ec/、
https://www.instagram.com/kissadope/
不可（誕生日プランのみ可）
JR・東京メトロ東西線 中野駅北口より徒歩6分

A定番の「クリームソーダ」（640円）。メロン、ブルーハワイ、はちみつレモン、いちご、グレープ、ピーチの全6種類に加え、アルコールを加えたクリームソーダハイもある。

Bアイコンのサクランボが、レトロなネオンに。

C入り口には、昔懐かしい食品サンプルのショーケースが。

D古いものをそのまま使うことで出る、本物のレトロ感。昭和にタイムスリップしたような趣だ。

D

森の中で一服するような
穏やかさ

どんぐり舎《や》

［西荻窪］

骨董品やアンティークで埋め尽くされた店内。ここでしか味わえない世界観を楽しめる。

A「カフェオレ」（630円）と「ジャムトーストセット」（750円）は、厚切りのパンに自家製ジャムがとても合う。
Bかわいらしいどんぐりのステンドグラスが、大きな窓から差し込む光に照らされる。

緑に囲まれたアーチ型のドア。森の中の山小屋を連想するようなメルヘンさ。

蔦に囲まれた白い壁のおうち。

「どんぐり舎」は、そんな童話に出てきそうな雰囲気を持つ喫茶店だ。

　昭和49年（1974）に創業され、木を基調としたあたたかみのある雰囲気が特徴。ウッドパネルの壁も店の歴史を表すかのように飴色に変化している。アーチ状の窓や、金魚鉢をひっくり返したようなライトもかわいらしい。静かな住宅街の空気ともマッチして、訪れる人々を心地よく迎え入れてくれる。

　コーヒーへのこだわりも深く、取り寄せたコーヒー豆をわざわざ週3回早朝に焙煎をしているのだとか。香ばしくほろ苦い、コーヒーの旨味をぎゅっと詰め込んだような一杯だ。

　森の中に佇む小さな家のような喫茶店で、ゆっくりと休日を過ごすのもいいだろう。

INFO.

東京都杉並区西荻北3-30-1　03-3395-0399　10:00～21:00（L.O.20:30）　なし
https://twitter.com/do_n_gu_ri_ya　不可　JR 西荻窪駅北口より徒歩3分

ほのかな照明と自然光がマリアージュする、クラシックな店内。

永遠なる
クラシカルの風格

武蔵野珈琲店

［吉祥寺］

井の頭公園に向かう途中、艶のある木製の扉を開けると、時が止まったような癒しの空間が広がる。昭和57年（1982）創業の「武蔵野珈琲店」だ。「純喫茶」という響きが似合うクラシカルで落ち着いた店内はゆったりとした時間が流れている。開店以来変わらない味のコーヒーはマンデリン、ブラジル、コロンビアなど7種類の豆をブレンドしたもの。布のフィルターで抽出するネルドリップで淹れた一杯はコクのある風味だ。40年以上多くの人に愛され続けている理由が、来れば分かる。

INFO.

東京都武蔵野市吉祥寺南町1-16-11荻上ビル2F
0422-47-6741　11:00～22:00（L.O.21:30）
なし　https://oishicoffee.com/　不可
JR・京王井の頭線 吉祥寺駅南口より徒歩3分

A

B

Aマスターが自ら手がける「プリン」（530円）は、マダガスカル産バニラビーンズを使ったこだわりの一品。固めで濃厚、なめらかな口当たり。
B窓側の席は壁に囲まれたような造りになっていて、窓からは商店街を見下ろすことができる。

手間をかける
時間の愛しさ
茶《ちゃ》亭《てい》羽《は》當《とう》

［渋谷］

この「茶亭羽當」は、平成元年（１９８９）創業のコーヒー専門の老舗。こだわり抜かれた豆を使い、一杯一杯丁寧にハンドドリップされたコーヒーを求めて、平日休日問わず賑わう。種類に応じてネルドリップとペーパードリップを使い分け、常にベストな一杯を提供できるようにしている。こんな手間暇こそが、この場所をとっておきにするのだろう。買い物をした、映画を見た、ランチに来た……渋谷という街にどんな目的があって来たお客さんでも、間違いなく満足のいく一杯を味わえる。

A「炭火煎羽當オリジナル」（850円）は、渋みが少ないさっぱりとした味わい。コーヒーのお供には自家製の絶品「シフォンケーキ」（500円）をぜひ。
B明治通りから一本角を曲がってすぐ。ビルとビルの間に佇む。

ほのかに暗い店内を照らすテーブルランプ。

INFO.

東京都渋谷区渋谷1-15-19二葉ビル2F　03-3400-9088　11:00～23:00（L.O.22:00）　なし
https://www.instagram.com/hatou_coffee_shibuya/　不可
JR・京王井の頭線・東京メトロ・東急電鉄 渋谷駅東口より徒歩３分

レトロな窓ガラスは、現在はつくり手がいないといわれている貴重なすりガラス。

昔懐かしいのに、
どこか新しい

カヤバ珈琲

［谷中］

東京の古きよき下町、谷中に佇む。街の息づかいを感じさせる喫茶「カヤバ珈琲」は、朝の光と共に訪れる人々で賑わう。

昭和13年（１９３８）の創業以来、地元の人々の心を潤し、やがて谷中を代表する喫茶店になった。一度は閉店したものの、惜しむ声により復活したこの店。昔ながらの風景を残しつつ、温故知新の精神で新しいメニューも取り入れ進化してきた。

築１００年超えの大正時代に建てられた店内は、静粛な空気の中にもどこかあたたかみを感じさせる。近所のお客さんから、遠方のお客さんまで、こぞって注文するのは定番メニューのたまごサンド。リニューアルして昔とはまた違う形で美味しくなったその味は、懐かしさと新しいおしゃれさが同居する、この空間を象徴するような名物だ。

内観。額縁のような窓枠の扉は特徴的だ。

定番メニューの「たまごサンド」(1200円)。もっちりとしたパンにふわふわ卵。ソースにはディルマヨネーズが使われており、ハーブの爽やかな香りが引き立っている。

A元々は店舗兼住宅として建てられたといわれている、大正5年(推定)築の木造2階建ての建物。
B靴を脱いで階段を上がると2階は座敷席になっている。
C当時の写真が店内にも飾られている。この街での店の生きざまが見えるようだ。

INFO.

東京都台東区谷中6-1-29　03-5832-9896　8:00〜18:00(L.O.17:30)　月(祝日の場合翌火)
https://www.instagram.com/kayabacoffee/　可(TEL・予約URL:https://yoyaku.toreta.in/kayabacoffee)
JR・京成電鉄・舎人ライナー 日暮里駅南口より徒歩10分、東京メトロ千代田線 根津駅1出口より徒歩10分

だるまや提灯、人形と様々な装飾品が置かれたレンガ造りの暖炉。

不思議で落ち着く、老舗喫茶

さぼうる

[神保町]

入り口にはトーテムポール、店内にはだるま？ 文化の融合を感じるような不思議なこの喫茶店は、昭和30年（1955）創業の老舗「さぼうる」だ。

店内は2階と半地下もあり、立体的な構造が面白い。ムードをつくり上げる小物の数々は、実はお客さんが持ち寄ってきて徐々に増えたものだそう。お客さんと共に積み重ねてきた大切な歴史が見えるようだ。

そんな長い歴史の中でできた常連さんを大事にする一方、いちごジュースやクリームソーダの新色など新しいメニューを取り入れるなど、時代に合わせた変化にも余念がない。そんな前向きな志向によって、老舗はより愛されながら継承されていくのだろう。一度来たらもう一度、と後を引くようにいつの間にか常連になってしまいそう。

A

B

C

D

INFO.

東京都千代田区神田神保町1-11
03-3291-8404
11:00～19:00(L.O.18:30)
日・祝不定休
https://www.instagram.com/sabor_jimbocho/
不可
東京メトロ半蔵門線・都営地下鉄 神保町駅A7出口より徒歩1分、JR 御茶ノ水駅御茶ノ水橋口より徒歩6分

A 2階と半地下があることで、広く感じる店内。
B 「クリームソーダ」(800円)は全7色。メロン、イチゴ、ブルーハワイ、レモン、ブドウ、オレンジ、カルピスだ。
C 隣にある姉妹店「さぼうる2」では、主に食事メニューを楽しめる。「ナポリタン」(900円)は、普通盛りでも圧倒される量だ。
D 不動の人気メニュー「ピザトースト」(850円)。玉ねぎ、ピーマン、マッシュルーム、ベーコンにのびるチーズの王道コンビネーションがたまらない。パンの卸専門店「サンワローラン」のパンはふわふわカリカリで絶品。

コーヒーの上に生クリームをのせた「ウインナーコーヒー」（600円）は、実はラドリオ発祥。生クリームが蓋になって、コーヒーが冷めにくくなるため、読書や長い議論をするお客さんの間で大人気だった。

路地裏に息づく
長い歴史
ラドリオ

［神保町］

歴史ある古本屋街・神保町を散策した後にはぜひここへ。昭和の雰囲気を色濃く残す「ラドリオ」は、多くの文化人や学生に愛され続けてきた喫茶だ。

昭和24年（1949）の戦後間もない創業当初は文学者や芸術家の集う場として人気を博し、駆け出しの芸術家には作品を代金代わりにコーヒーを出すという人情溢れる逸話も残る。そんなあたたかみのある雰囲気はそのまま、今はレトロな喫茶めぐりを愛好する若者も訪れる空間に。まさに、時代を超えて愛され続ける「街の喫茶」だ。

A

B

A窓側の席がお気に入り。アンティークな家具や雑貨に包まれて癒される。
B文学者や芸術家たちの交流の場となったこの店には、デザインされたグッズや作品が多く並ぶ。

INFO.

東京都千代田区神田神保町1-3　03-3295-4788　［月・水～金］11:30～22:30（L.O.22:00）、［土日・祝］12:00～19:00（L.O.18:30）　火　https://www.instagram.com/jimbocho_ladrio/
不可　東京メトロ半蔵門線・都営地下鉄 神保町駅A7出口より徒歩２分

こだわりの一杯は
サイフォンから

珈琲文明

［横浜］

東急東横線白楽駅を出てすぐある、昔ながらのお店が連なる知る人ぞ知るディープな商店街、六角橋商店街。そこを歩き進めていくと見えてくる、「珈琲文明」の看板。扉を開けると外の景色と一変し、レトロで落ち着きのある店内が心地よい。一見王道レトロな店かと思いきや、店内に街灯が立ち、見上げると照明と天井絵で演出された空が広がる、ハイカラで不思議な空間になっている。茜色の空から星がきらめく夜空へと移る美しい景色と共にいただくコーヒーは贅沢な味わいだ。

A 全世界の生産量の5%以下とされる世界最高グレードのスペシャルティコーヒーを贅沢に使った「自家製・珈琲ゼリー」（660円／ドリンクとセットで390円）。
B オーナーがコーヒーを淹れる姿は無駄がなく、洗練されている。
C 注文してからサイフォンで淹れるコーヒー。昔から根強いファンが多くいる。
D 26分周期で朝から夜へと変わる天井劇場。4分間の夜空に光る星は見ものだ。

INFO.

神奈川県横浜市神奈川区六角橋1-9-2
045-432-4185
11:30〜19:00（L.O.18:45）
火・水
https://coffeebunmei.com/
平日のみ可（TEL）
東急東横線 白楽駅1出口より徒歩3分

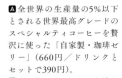

木のぬくもりを感じる店内は、蔵の面影が残る。

浪漫溢れる
赤レンガに誘われて

Coffee Bricks

［八王子］

模型エンジンのコレクターでもある店主よりすぐりのコレクション。博物館のように展示される。

片倉城跡公園の隣に佇んでいる、赤レンガの美しさが魅力的な「Coffee Bricks」。世界遺産・富岡製糸場と同じ工法で建てられた築100年の米蔵を改修し、平成2年（1990）に創業。和風の屋根や切妻に洋風の意匠をあしらった、非常に珍しい和洋折衷の姿が目を引く。

店内は、壁もテーブルも木でできたレトロなぬくもり溢れる空間だ。見事な梁や柱の存在感も、蔵の歴史を感じさせる。板張りされた壁の一部から建物の赤レンガが見えるところもまた趣深い。今ではなかなかお目にかかれないコークスストーブや手回しの蓄音機、オーナーの趣味で集めた模型エンジンなどが飾られており、溢れるロマンに心をくすぐられる。美味しいコーヒーを片手に、歴史ある空間で極上のひとときを過ごしたい。

A珍しい年代物の蓄音機やスピーカーが並ぶ店内。
B店主自ら焙煎をしたコーヒー豆を、ハンドドリップで。お湯の温度まできっちり測っていることで、変わらないおいしさを約束。「ブリックスブレンド」（550円）。
C「自家製シフォンケーキ」はドリンクにプラス350円。大盛りのクリームはラム酒が隠し味で、さっぱりとしたケーキとの相性は抜群だ。

重厚な雰囲気漂うレンガ造りの外観。この建物だけでも一見の価値あり。

INFO.

東京都八王子市片倉町2434　0426-37-0296
［金・土］11:00〜17:30、［日・祝］13:00〜17:30（いずれもL.O.17:00）　月〜木　なし
不可　京王線 京王片倉駅より徒歩7分、JR片倉駅1出口より徒歩5分

喫茶店が楽しくなるうんちく

撮影編

カフェや喫茶店で、美味しそうなドリンクや料理、おしゃれなインテリアを魅力的に撮影するためのトラノコクのこだわりをまとめてみました。

①光の当たり方

カフェの雰囲気や料理の色合いを生かすため、やわらかい自然光をうまく利用することが大切です。窓際の席を選ぶと、光の加減で美しい影が生まれ、食べ物やドリンクが綺麗に映えます。

②構図の探求

撮影するカットは、様々な角度から撮ると、同じ被写体でも印象が異なります。例えば、真上から俯瞰するカットや、被写体を画面いっぱいに切り取ったカットなど、構図を工夫してみましょう。

③色彩調整

撮影後の色彩調整は、雰囲気や料理の色合いを再現するために重要です。スマホの設定で、明るさやコントラスト、彩度を調整して、深みと鮮やかさを引き出すことで、より印象的な仕上がりになります。

最後に、カフェでの撮影は、店員さんに一言声をかけることをおすすめします。お店の人と会話してみることで店舗のマナーを知ることができます（忙しそうなど、状況によっては遠慮したほうがいいかもしれません！）。また、周囲のお客さんに迷惑がかからないよう、撮影時には配慮を心がけましょう。

素敵な写真が手元にあると、何度でも思い出して訪れたくなりますね。

撮影がNGのお店もあるので、事前によくHPやSNSを確認しようね

CHAPTER
6

本棚と音楽　文化に囲まれて

コーヒーを片手に本や音楽を楽しむ空間は、
日常の中にありながら自宅と違う特別な気分に浸らせてくれる。
お気に入りの一冊や一曲を探して、
いろいろな店を自分の足で訪ねてみるのも、
特別な体験となる。

戦後1950年代に東芝の技術者が設計し、家具屋にて製造した特注の巨大スピーカー。１日で15～20曲を流す。作曲者、指揮者、演奏者、録音時期などにまでこだわってかけている。

まるでクラシックのコンサートホール

名曲喫茶 ライオン

［渋谷］

100年近く続くクラシック喫茶、「名曲喫茶ライオン」。音楽を聴くために考えられた雰囲気を変えないように、創業当時の家具や内装を大切に使い続けてきており、まるで昭和にタイムスリップしたようだ。

店内に鎮座する巨大スピーカーは初代店長の山寺弥之助氏がこだわった特注品で、立体的な音が自慢。毎日15時と19時にはコンサートが行われ、店員が考えたセットリストがお客さんを虜にする。それ以外の時はリクエストも聞いてくれるので、お気に入りをこの空間で楽しむチャンスだ。静かに音楽に浸るべく原則「写真撮影&おしゃべり禁止」で、目の前にある空間や音楽の楽しみ方を再認識させてくれる。ここではスマホの電源を切り、心ゆくまで音楽を堪能したいものだ。

ほとんどの席がスピーカーに向き合うように配置されるため、まるで列車やバスの座席のように椅子が整然と並んでいる。

Aぽってりとやや厚みのあるグラスに入った「アイスミルクコーヒー」(720円)。粗挽きの深煎りネルドリップは、初代がロンドン修業で学んだ淹れ方を継承している。
B 1階から2階へと吹き抜けになっている店内。レコードとCDは5000枚を超え、リクエスト曲を探すのも大変だという。
C重厚なレンガ造りの外観はまるで西洋のお城のよう。

INFO.

東京都渋谷区道玄坂2-19-13　03-3461-6858　13:00〜20:00（L.O.19:30）　なし
https://lion.main.jp/　不可　JR・京王井の頭線・東京メトロ・東急電鉄 渋谷駅西口より徒歩10分

店内は木目調の家具やアンティークな装飾品で、落ち着いた雰囲気。飾られている絵は、画家でもあった美作氏のものだ。

響く音に耳を傾けて、至福の時間

名曲喫茶 ヴィオロン

［阿佐ケ谷］

音のお供には「自家製ケーキ」（250円）と「コーヒー」（450円）を。珍しいが、コーヒーにはブランデーを入れることもできる。

「名曲喫茶ヴィオロン」の店主は、今は無き伝説の名曲喫茶「クラシック」のオーナー、故・美作七朗氏の弟子。ヨーロッパでホールを巡り、今ここ阿佐ケ谷で理想の音を再現しようと追求する日々だ。そんな不断の努力によって生まれる音は、美しい。響きをよくするための設計や、自作のスピーカー、やわらかな音を生むフランス製のアンプなど、生の音にこだわる店主だからこそつくれる「最高の音を聴く」ことに特化した贅沢な空間だ。

17時まではレコード、19時からは生演奏や朗読などライブの時間。20年以上続く、毎月第3日曜の「21世紀にこれだけは残したいSPの名演奏」も必見。厳選したレコードで１００年ものの蓄音機の演奏を聴ける貴重な機会なので、ぜひ訪れたい。

A店内奥、真正面には2mを超える自作のスピーカー。音の響きをよくするために壁まわりを空洞にしたり、客席を1段下げたり、設計からウィーン楽友協会ホールをモチーフにこだわった。
Bスピーカーの前にある100年ものの蓄音機は、本物の音を聴くようにと美作氏から贈られたもの。

CレコードはSP（Standard Playing record）。1900-1960年代のSPレコードを、針を変えることで同じ蓄音機で演奏することができるのだ。
Dカウンター内にあるフランス製のアンプ。店主の理想の音を追求して選ばれた逸品。

INFO.

東京都杉並区阿佐谷北2-9-5　03-3336-6414　12:00〜ライブ終了時　火　http://meikyoku-kissa-violon.com/
不可　JR 阿佐ケ谷駅北口より徒歩5分、東京メトロ丸ノ内線 南阿佐ケ谷駅1出口より徒歩11分

大きく落ち着いた間接照明と観葉植物、そして音楽をゆっくり楽しむことのできる席の造り。定期・不定期でコンサートも開催される。

日本を代表するチェンバロ工房を営む久保田彰氏が手掛けた、美しいチェンバロ。生のチェンバロ演奏が聴けるコンサートもある。

5000枚のレコードから選んだ一曲を

名曲喫茶 ミニヨン

[荻窪]

「名曲喫茶ミニヨン」は、今なお当時の趣を持って名曲喫茶の姿を伝え続ける店だ。

大きな窓に木目調のレトロな雰囲気と5000枚にも及ぶレコードが並ぶカウンターは、代々継承してきたこの店の風景。スピーカーで音楽を聴く贅沢な時間にふさわしい空間だ。

曲目のリストは初代店主深澤千代子氏の手書きのもので、クラシック音楽のみならず、宗教音楽やバロック音楽、電子音楽まで幅広くリクエストができるのが特徴で、知らない音楽とも出会えるのが嬉しい。気軽にスマホから音楽が聴ける時代だからこそ、こだわりの空間に響く音楽はより美しく、偶然耳に入った知らない音楽との運命の出会いを果たすこともあるかもしれない。そんな音楽の楽しみ方を思わせてくれる店だ。

A上品な「アイス・ウインナー・コーヒー」（600円）は、クリームがたっぷり載った味のある見た目だ。手づくりの「クッキー」（200円）と共にいただきたい。
B1950年代につくられた、貴重なタンノイGRFのスピーカー。
C今でも現役で音楽を流すターンテーブル。

5000枚のレコードがずらりと並んでいるカウンターに圧倒される。

INFO.

東京都杉並区荻窪4-31-3マルイチビル2F　03-3398-1758　12:00〜19:00（コンサート開催時は時間変更あり）
水　http://cafe-mignon.sakura.ne.jp/　不可（ギャラリースペースを除く）
JR・東京メトロ丸ノ内線 荻窪駅南口b出口より徒歩３分

1階にあるレコード棚とDJブース。DJである店主らしく、ここで音楽イベントを行っている。

1階からの吹き抜けが開放感を感じさせる。

あなたと音楽が出会う
“音の場”

カフェ・オトノヴァ

［浅草］

音楽の「オト」。ラテン語で「新しい」を意味する「ノヴァ」。さらに、「音の場」をつくりたいという思いから名前がつけられた「カフェ・オトノヴァ」。かっぱ橋道具街から道を外れると現れる隠れ家のようなこのお店には、アンティークのピアノや蓄音機、さらに定期的にイベントを行うためのＤＪブースも設置されており、まさにお客さんに音を届ける場所なのだ。

下町にある築60年の古民家を改装した建物や、オーナーこだわりのアンティーク家具で設えられた店内は、穏やかな懐かしさを感じさせる。さらに、吹き抜けになった天井からのぞく季節の植物とシャンデリアは、ヨーロッパに来たかのような非日常感も演出。提供される音と美味しいものを楽しんでいると、ずっとここにいたくなるだろう。

A 2階は広く、屋根裏感のある雰囲気にわくわく。
B「キャラメルラテ」（680円）にはかわいいアート付き。豆の魅力を最大限引き出す焙煎を行う、テラコーヒーから豆を仕入れる。
C自家製の「かぼちゃプリン」（580円）。しっかりと固く、口に入れるととろけるような舌触りとかぼちゃの香りがたまらない。
Dステンドグラスの扉は、入る前から気分を高まらせる素敵さだ。

INFO.

東京都台東区西浅草3-10-4　03-5830-7663　[月～土] 12:00～22:00（料理L.O. 21:00 ドリンクL.O. 21:30）、[日・祝] 12:00～21:00（料理L.O. 20:00 ドリンクL.O. 20:30）　不定休（Instagramを参照）
http://www.cafeotonova.net/　可（TEL）
つくばエクスプレス 浅草駅A2出口より徒歩４分、東京メトロ銀座線 田原町駅３出口より徒歩９分

古民家で一冊の本と
ゆったり向き合う

松《しょう》庵《あん》文庫

［西荻窪］

赤ワインでほろ苦く煮たイチゴが寄り添う、固めのプリンとコーヒーを一緒にいただく「プリンセット」（1320円）。季節によってその時美味しいものをつくり提供してくれる。

店内から見える中庭には、樹齢100年以上のツツジの木が立つ。本から顔を上げて、ふと庭を見ると癒される。

西荻窪の閑静な住宅街に建つ「松庵文庫」。築80年ほどの古民家を改装した店内は、中庭から入る光が心地よい。古いものを「古くていい」だけで終わらせずに、「今使えるもの」にして命を吹き込みたいと考える店主の想いがあってか、改装されたキッチンや壁面と、そのまま活かされた柱や梁、天井などがマッチし、新しさと郷愁が見事に融合した空間になっている。

店内には荻窪の書店「Title」セレクトの新刊や、店主お気に入りの文庫本、店主の縁で譲ってもらった古本などが並び、初めて見る本やニッチなニーズに応えてくれる本ともたくさん出会える。四季折々の庭を見ながらコーヒーを飲み、本を読める空間は、本好きには堪らない。お気に入りの本を見つけて、図書館のように通うのもいい。

A店内の本は自由に読むことができる。B大きなモチの木が目印の「松庵文庫」。
C韓国にまつわる書籍と大きなカウンターは、閉店してしまった京都の「李朝喫茶 李青」から譲り受けたもの。

INFO.

東京都杉並区松庵3-12-22　03-5941-3662
［水・木・日］9:00～18:00（L.O.17:30）、［金・土］9:00～22:00（L.O.21:30）　月・火
https://shouanbunko.com/　ランチのみ可（TEL）　JR西荻窪駅南口より徒歩7分

写真集や本との出会いの場へ

ふげん社

［目黒］

木の温もりを感じる店内。オーナー渡辺氏がセレクトした約5000冊の本が並ぶ。

「ふげん社」は創業70年を超える印刷会社が運営する、喫茶と本屋とギャラリーを併設したコミュニケーションスペースだ。

壁に並ぶ本は、オーナーが選書した「時代に流されないよさ」のあるもの。ギャラリーの写真展を見に来た人がここでコーヒーを飲みながら、普段手に取らない本を読んでみたりと、本と写真と人が出会う場となっている。そんな出会いの軸となるコーヒーは、手回しの焙煎機を使って焙煎したもの。かつて南青山にあった伝説の喫茶店「大坊珈琲店」の大坊《だいぼう》勝次《かつじ》氏に習った焙煎方法で、抽出もネルドリップを使って細く細かく湯を注ぐ大坊氏譲りのスタイルで行う。読書もコーヒーもひとりで向き合うもの。その時間を大切にすることで、より人生が豊かになることを教えてくれるお店だ。

INFO.

東京都目黒区下目黒5-3-12　03-6264-3665　［火～金］12:00～19:00（L.O.18:30）、［土日］12:00～18:00（L.O.17:30）　月・祝　https://fugensha.jp/　不可　JR・東急電鉄 目黒駅西口より東急バス「元競馬場前」下車徒歩1分、目黒駅西口より徒歩17分、東急電鉄 祐天寺駅より徒歩19分

A手廻しロースターで自家焙煎したこだわりの深煎り。「ふげん珈琲」(770円)。

B小説や画集、写真集だけでなく親子連れにも嬉しい絵本コーナーもある。

Cふげん社が主催するコンペ「ふげん社写真賞」なんてものも。なんと、グランプリ1名には写真集出版と出版記念展を開催する権利が贈られる。こちらは2021年度グランプリ受賞者の写真集『いくつかある光の』(木原千裕氏)。

D元は家具屋だった建物を、住宅建築家の伊礼智氏がリノベーション。ゆったりと心地よい空間。

E3階のギャラリースペース。写真展やワークショップ、落語など、様々なイベントも開催される。

装丁も題名も隠された本が並ぶ。次読む本までおすすめしてくれるというアフターケアも。

装丁も題名も ない本と 出合う“奇跡”

本と珈琲 梟《ふくろう》書《しょ》茶《さ》房《ぼう》

［池袋］

本の冒険にでたい方へ。「本と珈琲 梟書茶房」では、タイトルが隠された代わりに、お店からの感想とおすすめの理由「だけ」が見られる「ふくろう文庫」という本を手に入れることができる。直感で選んだその一冊は、あなたの世界を広げるきっかけになるかもしれない。

販売スペース以外にある本や雑誌は、すべて自由に読むことが可能。店内は図書館やラウンジなどをイメージした空間に分かれており、自分のお気に入りの場所で「本と珈琲」を思う存分楽しむことができる。

A ブラウンを基調としたシックな部屋は、ラウンジ。窓際の2人席や一人で本と向き合える席などあらゆるシチュエーションで利用することができる。
B 「クラシカルプリン」（495円）。こんもりと載ったクリームの上からカラメルをかける瞬間は至福。

INFO.

東京都豊島区西池袋1-12-1Esola池袋4F　03-3971-1020　10:30～22:00（L.O.21:30）
Esola池袋に準じる　https://www.doutor.co.jp/fukuro/　不可
JR・東京メトロ・東武鉄道・西武鉄道 池袋駅12番口より徒歩１分

こだわりのお菓子を
読書と

胡桃《くるみ》堂《どう》喫茶店

［国分寺］

西国分寺にある人気コーヒー店「クルミドコーヒー」の2号店である「胡桃堂喫茶店」。モダンで穏やかな色調で、店内に入ると木を基調にした落ち着いた空間が広がっている。

店内には、街の人々が次の人に読み継いでもらいたいと出品した本や、自社で出版している「クルミド出版」の本、店員が選書した新刊など、様々な本が並ぶ。読書のお供のコーヒーは、注文後に豆を挽き一杯一杯ハンドドリップで出したものだ。街と人と本が自然と繋がる店で、本との出会いを楽しんで。

A 家具や内装はアンティークか古材を加工したもの。
B 定番メニューの「くるみのタルト」（750円）。アーモンドクリームとキャラメルくるみ、濃厚な生あんのコンボが堪らない。収穫時期によって異なるくるみで提供される。
C 地域の人々が持ち寄った様々な本が置かれた、「もちよりブックス」。読み継がれることでつながっていく本と人との縁を感じる本棚だ。
D 1F入り口付近には物販棚があり、オリジナルのドリップパックコーヒーや焼き菓子などが並んでいる。胡桃堂だけにくるみも。

INFO.
東京都国分寺市本町2-17-3　042-401-0433　11:00〜18:00（フードL.O.15:00、L.O.17:30）　木
https://kurumido2017.jp/　平日のみ可（TEL・公式HP）　JR・西武鉄道 国分寺駅北口より徒歩5分

あ

阿佐ヶ谷　喫茶gion……12
名曲喫茶ヴィオロン……128
浅草　カフェ・オトノヴァ……132
池袋　珈琲専門館 伯爵……37
自由学園明日館……102
皇琲亭……106
本と珈琲 梟書茶房……138
入谷　レボン快哉湯……90
上野　喫茶古城……109
江古田　ぐすたふ珈琲……70
恵比寿　ロジェ カフェ……62
大磯　茶屋町カフェ……87
大森　珈琲亭ルアン……46
荻窪　名曲喫茶ミニヨン……130

か

外苑前　カフェ香咲……20
鎌倉　cafe kaeru……65
喫茶吉野……98
川越　Chabudai……64
北千住　COFFEE WORK SHOP Shanty……52
吉祥寺　ゆりあぺむぺる……10
COFFEE HALL くぐつ草……14
TEA HOUSE はっぱ……22
Cat Cafe てまりのおうち……24
Cat Cafe てまりのおしろ……25
武蔵野珈琲店……114
清瀬　コーヒーハウスるぽ……44
銀座　トリコロール本店……36
and people ginza……78
高円寺　旅する喫茶……73
サルトリイバラ喫茶室……96
国分寺　胡桃堂喫茶店……139
駒込　旧古河邸 大谷美術館 喫茶室……35

さ

笹塚　シャララ舎分室 喫茶 余白……18
三軒茶屋　LUPOPO……16
Majorelle Cafe……48
渋谷　茶亭羽當……115
名曲喫茶ライオン……126
白金台　CAFE La Bohème PENTHOUSE……50
新宿　カフェアルル……66
神保町　さぼうる……118
ラドリオ……120
仙川　レキュム・デ・ジュール……56
喫茶室 日々の泡……58

た

高田馬場　喫茶ロマン……100

都立家政　GARDEN SQUARE cafe Felice ……… 51

な

中野　不純喫茶ドープ ……… 110
中目黒　Huit ……… 69
西荻窪　六ペンス ……… 8
物豆奇 ……… 28
びあん香 ……… 68
どんぐり舎 ……… 112
松庵文庫 ……… 134
日本橋　teal chocolate & ice cream ……… 42
Coffeebar & Shop coin ……… 74

は

箱根　Orient Express ……… 80
八王子　パペルブルグ ……… 38
Coffee Bricks ……… 122
原宿　アンセーニュダングル ……… 60
neel ……… 63
東林間　TEA ROOM BURTON ……… 72
広尾　レ・グラン・ザルブル ……… 26
藤沢　喫茶ジュリアン ……… 108

ま

三鷹　珈琲松井商店 ……… 94
目黒　Factory & Labo 神乃珈琲 ……… 92
ふげん社 ……… 136

や

谷中　HAGISO ……… 84
TAYORI ……… 86
喫茶ニカイ ……… 88
散ポタカフェのんびりや ……… 104
カヤバ珈琲 ……… 116
横浜　馬車道十番館 ……… 32
カフェ エリスマン ……… 34
コーヒーの大学院
ルミエール・ド・パリ ……… 40
珈琲文明 ……… 121
代々木八幡　レタープレスレターズ ……… 82

BOOK STAFF

デザイン・DTP
吉村 亮、石井志歩
(Yoshi-des.)

DTP
有限会社ライトハウス

撮影・執筆
空想喫茶トラノコク

校閲
鷗来堂

編集
土屋萌美

おわりに

レキュム・デ・ジュール（P56）

「喫茶」という居場所が好きです。
今も愛し愛され続けているひとつの文化で、
無理に干渉し合わないけれど、誰かとほんのり空間を
共有しているような感覚は不思議と安心感を覚えます。

空想喫茶トラノコクが
この本を手がけた時に心から願ったのは
「長く残っていってほしい」ということでした。

ＳＮＳで喫茶の世界を発信する僕らが、
老若男女多くの人が介在するインターネットの世界と
現実の世界をつなぐような架け橋になることで、
喫茶店という存在が末長く続いていく
ひとつのきっかけになったらいいなと思っています。
そして、みなさんのみる世界が少しでも広がることを信じて。

最後に、この本を読んでくださった方々の心に、
新たな気付きや喜びをもたらし、
より豊かな人生を送ることができますようにと願っています。

空想喫茶トラノコク

著者

空《くう》想《そう》喫《きっ》茶《さ》トラノコク

こんな居場所があったらいいなという会話から、4人の店員が生み出した架空の喫茶店。夢はいつか本当の喫茶店を持つこと。SNSですてきな喫茶店の紹介や、喫茶店レシピの発信をしている。

Twitter　@toranocoku

Instagram　@toranocoku

YouTube　「空想喫茶トラノコク」

東《とう》京《きょう》を旅《たび》する

異《い》世《せ》界《かい》喫《きっ》茶《さ》店《てん》めぐり

2023年6月2日　初版発行

著　者　空《くう》想《そう》喫《きっ》茶《さ》トラノコク
発行者　山下直久
発　行　株式会社KADOKAWA
〒102- 8177 東京都千代田区富士見2-13-3
電話0570-002-301（ナビダイヤル）
印刷所　凸版印刷株式会社
製本所　凸版印刷株式会社

お問い合わせ
https://www.kadokawa.co.jp/（「お問い合わせ」へお進みください）
※内容によっては、お答えできない場合があります。
※サポートは日本国内のみとさせていただきます。
※ Japanese text only

定価はカバーに表示してあります。

ISBN978-4-04-606311-3　C0026